책과 세계

차례
Contents

책과 세계 또는 텍스트와 컨텍스트

이 지구에 살고 있는 사람들 중의 절대 다수가 책을 읽지 않는다. 그들은 평생 동안 살아 있는 자연만을 마주하고 살아간다. 퍼덕퍼덕 움직이는 세계가 있으니 죽어 있는 글자 따위는 눈에 담지 않는다. 책이 그들의 삶에 파고들 여지는 전혀 없으며 그런 까닭에 '내 인생을 바꾼 한 권의 책'과 같은 게 있을 리 없다. 책을 읽지 않는 그들은 자연과 자신의 일치 속에서 살아가므로 원초적으로 행복하다. 또한 그들은 지구에게도 행복을 준다. 지구가 원하는 것은 한 치의 어김도 없이 순환의 바퀴가 맞물려 돌아가는 것인데 그들은 나무를 베어 그걸로 책을 만들고 한쪽 구석에 쌓아놓는, 이른바 순환의 톱니바퀴에서 이빨을 빼내는 짓을 하지 않기 때문이다. 그들은 평생을 아프리카 초원의 사자나 얼룩말처럼 살다가 어머니인 대지의 품에 안겨서 잠든다. 나서 죽을 때까지 단 한 번의 자기 반성도 하지 않는다. 마치 사자가 지금까지의 얼룩말 잡아먹기를 반성하고 남은 생을 풀만 뜯어 먹으면서 살아가기로 결심하지 않는 것처럼.

사자가 위장에 탈이 나면 풀을 먹듯이 병든 인간만이 책을 읽는다. 오늘날의 사람들만이 그런 것이 아니라 인류 역사에서 책을 읽은 이는 전체 숫자에 비해서 몇 되지 않는다. 그런데도 우리는 책을 읽어야 한다는 강박관념에 시달린다. 대다수의 사람들이 행하고 있다 하여 반드시 옳은 것은 아니며, 압도적 다수가 책을 읽지 않는다는 사실을 놓고 보면 '책을 읽어야 한다'는 것은 소수의 책 읽는 이들이 벌이는 일종의 음모임에 틀림없다.

책 자체가 아닌 세계, 즉 책이 놓인 공간 속에서 책의 의미를 살펴보면 '책을 읽어야 한다'는 언명의 비진리성은 더욱 두드러진다. 책, 넓게 말해서 텍스트는 본래 세계라는 맥락에서 생겨났다. 즉, 세계가 텍스트에 앞서 있었던 것이다. 사람들은 그것만으로도 만족했었다. 그런데 어느덧 텍스트는 세계를 거울처럼 반영한다는 거짓을 앞세워 자신에 앞서 있던 세계를 희롱하기 시작했고, 어느 순간부터 텍스트는 그것 자체로 일정한 힘까지 가지게 되었다. 이 와중에 세계와 일치하는 점이 전혀 없는 텍스트도 생겨났다. 이것은 인간 의식의 분열인 동시에 세계의 분열이다. 결국 이것은 세계의 불행이며 그

세계 안에 살고 있는 인간의 불행이다.

텍스트와 그 텍스트가 생산된 컨텍스트로서의 세계가 어떤 관계에 있는지는 이제 정확하게 알아낼 도리가 없게 되었다. 다만 몹시 뒤엉켜 있다는 것만을 짐작할 뿐이다. 그런 까닭에 역사라는 시간과 지상이라고 하는 공간 속에 나타났던 텍스트를 탐구하려는 이 작업에서는 그 둘의 관계를 규율하는 어떤 법칙도 이끌어낼 수가 없다.

따라서 그러한 의식적 노력을 기울이기보다는 차라리 컨텍스트의 산물일지도 모를 텍스트들 스스로가 말하게 하고, 텍스트에 의해 만들어졌을지도 모를 컨텍스트 스스로가 드러나게 하는 편이 더 나을 듯하다.

이러한 발언과 드러남을 위하여 선택된 텍스트와 컨텍스트는 어떤 일정한 기준에서 뽑아 올려진 것이 아니다. 임의로 골라낸 것이다. 그것들이 당대 인류의 생활세계에서 어떤 영향을 받았으며, 어떻게 그 세계에 개입했는지를 흘깃 들여다보기는 하겠지만, 우리의 추체험(追體驗), 즉 '미루어 겪어봄'은 분명 한계가 있을 것이다.

이제부터 우리는 이러한 어설픈 지침을 가지고, 텍스트들을 들춰보기로 하자. 과거가 오늘이며, 오늘이 과거일지도 모르고, 내일은 아예 없을 수도 있으며, 저 아래 어느 차원에는 부동의 시간이 머물고 있는지도 모른다. 따라서 이 책에서 우리는 다만 통상적인 시간 순에 따를 것이다.

세계의 근본 문제

쓸쓸한 세계 : 『길가메시 서사시』

사람의 삶은 고되다. 고됨은 여가를 용납하지 않는다. 텍스트를 만들어내는 학문이 본래 '여가'라는 뜻을 가졌듯이, 여가가 없는 이들은 텍스트를 읽을 틈이 없다. 그것을 만들어내는 건 엄두조차 내지 못한다. 농경민이건 유목민이건 그들의 생업에 필요한 정보나 지식은 조상으로부터 말로써 전해진다.

수메르 지역에서 발견되는 최초의 책들은 상인들이 남긴 기록이다. 아니 엄밀히 말해서 그건 책이 아니라 장부다. 왜 수메르에서는 이런 장부가 생겨났을까?

유프라테스 강과 티그리스 강이 흐르면서 만들어낸 지역은

'비옥한 초생달(메소포타미아)'이라 불린다. 그러나 그 비옥함이 행복을 가져다준 것은 아니었다. 비옥함은 그것을 탐내는 이들을 불러온다. 이는 당연히 분쟁으로 이어진다. 오랜 세월 계속된 관개농업은 땅을 척박하게 만들었고, 이러한 분쟁과 자급자족 불능을 배경으로 그 땅에 농경민과 유목민이 뒤엉키면서 도시가 생겨났다. 도시에는 자연의 순환과는 무관하게 살아가는 상인들이 자리잡았다. 그들은 거래의 필요에 의해 장부를 쓰기 시작했다. 그것들이 바로 오늘날 남아 있는 수메르 점토판의 절대 다수를 차지한다. 정확하게 말하면 점토판의 95%가 경제에 관련된 내용을 담고 있다. 주로 영수증, 청구서, 재산 목록, 땅의 측량 결과 등이다. 이는 점(占)을 친 결과를 기록했던 중국의 갑골문과 구별되는 수메르 문명의 특징을 보여주는 것으로, 이 문명은 세속의 법칙에 따라 살아가는 인간들이 만든 것이며, 이 특징은 오늘날까지도 서구의 전통으로 이어진다.

인류 최초의 서사시로 알려진 『길가메시 서사시 *Gilgamesh Epoth*』는 극소수의 점토판에서 발견된 것이다. 따라서 수메르 텍스트를 대표한다고 간주되는 『길가메시 서사시』는 일상 아닌 것의 비추임일 뿐이다. 그렇다고 해서 『길가메시 서사시』가 환상문학인 건 아니다. 그것은 고도로 응축된 형식과 내용으로 수메르의 궁극적 세계관을 반영한다.

수메르는 쉴 새 없는 분쟁의 땅이다. 예나 지금이나 그렇다는 말이다. 이에 대한 인간의 반응은 엉뚱한 환상이거나 처절

한 반영이거나이다. 이 서사시는 후자를 택했다.

우루크의 왕 길가메시는 영웅이다. 그는 유명한 그리스의 영웅들보다 1,500년 이상을 앞섰다. 시대는 이렇게 엄청나게 떨어져 있으나 길가메시와 그리스의 영웅들은 모두 난폭자요 약탈자들이라는 공통된 모습을 보인다. 이들을 이렇게 만든 것은 그들이 사는 세계의 삶 자체가 품고 있는 비정함이다.

길가메시의 난폭함은 그것을 다스리기 위해 신들이 창조한 엔키두에 의해 다듬어진다. 둘 사이에는 우정이 생겨난다. 그들은 수많은 모험을 함께하고 우루크를 파괴하려는 여신 이슈타르의 재앙마저도 물리친다. 그러나 신에 대항한 그들에게는 가혹한 운명이 기다린다. 엔키두에게 때 이른 죽음이 닥쳐오고 길가메시는 자신의 품안에서 엔키두의 눈을 감긴다. 이제 영웅은 세속에서 물러나 영생을 얻고자 지혜로운 우트나피시팀을 찾아 나선다. 그와의 만남에서 뜻한 바를 얻지 못한 길가메시는 우여곡절 끝에 불로초를 얻지만 신들은 그것마저 앗아가버린다. 참으로 덧없는 여행이었던 것이다.

고통스러운 세상, 쓸쓸한 인생. 유행가 가사 같은 정조는 이렇게 오랜 옛날부터 인류 곁에 있었다.

후대에 기록된 『길가메시 서사시』는 이렇게 말한다.

길가메시여, 그대가 찾는 것은 결코 찾을 수 없으리라.
신들이 인간을 창조할 때 죽음을 인간의 숙명으로 안겨주고
영생의 삶을 거두었기 때문이오. 그대가 살아 있는 시간을

즐겁고 충만하게 보내오. 그대의 손을 잡는 어린아이를 사랑하오. 그대의 아내를 품에 안고 즐겁게 해주오. 기껏해야 이런 것들만이 인간이 해낼 수 있는 것이기 때문이오.

인간은 이렇게 읊으면서도 끊임없이 신의 자리를 탐냈다. 만족되지 않는 욕구의 좌절. 사랑만이 사람이 할 수 있는 일임을 알면서도 그러지 못했다. 그래서 수메르에는 사랑 노래가 드물다. 수천을 헤아리는 수메르 점토판 중에서 사랑을 다룬 시는 딱 두 편뿐이었다.

텍스트의 힘 : 모세 5경

구텐베르크가 금속활자로 처음 찍어낸 책은 성서였는데, 이를 두고 구텐베르크의 돈독한 신앙심을 말해주는 일이라고 말하는 이는 광신자들뿐이다. 구텐베르크를 움직인 건 유럽 전역의 교회와 지배자들이라는 시장, 한마디로 돈이었다. 세속적인 것이 신성함을 눌렀을 뿐만 아니라 그것을 이용하여 탐욕을 채운 이 사건을 두고 고대의 구약성서 기록자들은 뭐라 말할까? 탐욕의 궁극적 승리를 개탄할까?

신약성서의 핵심이 복음서이듯이, 구약성서의 핵심은 「창세기」 「출애굽기」 「레위기」 「민수기」 「신명기」로 이루어진 모세 5경이다. 텍스트의 측면에서 보면 모세 5경은 '모세교'의 경전이고, 복음서는 '예수교'의 경전이다. 복음서가 그 종교의 창시자인 예수의 생애와 언명들을 기록하고 있다면, 모세 5경은 그 종교가 창시된 과정을 설명하고 있다.

실제 사건이 일어난 지 수백 년 뒤에 기록된, 히브리 민족의 서사시라 할 모세 5경에 등장하는 야훼는 조잡하고 편협하며 피에 굶주린 신이다. 그러면서도 이 신은 전지전능하며 세계를 포괄하는 유일신이며, 만물을 사랑하는 신으로도 선포된다. 또한 이 신은 의례와 마술을 극도로 혐오한다.

이토록 복합적인 성격을 가진 신은 드물어서 어쩌면 여러 가지 종류의 신이 하나의 이름으로 불리는 건 아닌지 하는 의심이 들기도 한다. 그러므로 야훼의 성격 각각을 해명하는 데에 모세 5경의 해석과 그것을 바탕으로 성립한 종교 이해의 열쇠가 있다고 할 수 있다.

야훼는 잔인하고 가차 없다. 자식을 죽여서 자신에게 바칠 것을 요구하기도 한다. 이는 고대의 인신제사 풍습을 그대로 보여준다. 점차 동물로 대체되어갔지만 이 풍습은 전세계에 걸쳐 있었다. 야훼는 히브리 민족을 자신의 백성으로 선택하고 그들에게 젖과 꿀이 흐르는 땅을 약속한다. 이 약속은 히브리 민족의 삶의 터전이 얼마나 척박했는지를 역설적으로 보여준다. 그들은 사막과 같은 황량한 땅에서 덧없는 삶을 살아간다. 그리하여 '젖과 꿀'이라는 알량해 보이는 약속 하나에 모든 것을 내버리고 야훼만을 숭배할 것을 다짐하는 것이다. 그러나 야훼는 이것을 거저 주지 않는다. 그것을 주겠다고 해놓고는 그 땅을 차지하고 있던 성읍의 주민을 칼로 쳐죽일 것을 명령하는 것이다. 이는 자기를 따르기만 한다면 외부 집단을 폭력적으로 살상해도 괜찮다는 정당화를 제공함과 동시에, 자비롭게 보이는 약속 뒤에 숨어 있는 피에 굶주린 야훼의 잔인함을 어김없이 드러낸다.

야훼는 마술과 형상을 혐오하는 신이다. 야훼가 모세에게 돌에 쓴 증거판 두 개를 줌으로써 모세의 정당화 작업에 착수했을 때, 야훼의 백성들은 기다리다 지쳐 금송아지를 만들었다. 그러자 야훼는 그들을 모조리 쓸어버리겠다고 한다. 이렇게 진노하는 신이 사랑의 신일 수는 없다. 어쩌면 야훼는 불가능한 것을 히브리 민족에게 요구한 건 아닐까? 인류는 머나먼 옛날 라스코나 알타미라 동굴에 뭔가를 그려 넣을 때부터 이미지를 만들어왔다. 구석기 시대부터 내려온 이미지 만들기는 인간의 본능과도 같은 것이다.

인간을 움직이는 힘은 궁극적으로 두 가지이다. 하나는 공포이고, 다른 하나는 탐욕이다. 공포는 자신의 몸에 가해지는 고통에 의해 생겨나는 것이요, 탐욕은 자신의 몸에 가해지는 즐거움에 의해 생겨난다. 모세 5경의 야훼는 인간이 공포로 움직이는 존재임을 명료하게 보여준다. 모세 5경에 등장하는 인간들은 항상 두려움에 떨고 있다. 그들에게는 공포가 내재화되어, 그렇지 않은 상황이 오히려 비정상적으로 느껴지는 전도된 심리 상태에 처해 있다.

야훼는 말로써 만물을 만들어낸다. 야훼의 전지전능함, 잔인함의 원천은 바로 '말, 텍스트, 로고스'인 것이다. 야훼는 말로써 만들어진 세계 안에 말로써 들어온다. 말로써 세계를 창조하고, 말로써 세계를 다스리는 신을 창조하는 것은 놀라운 일이다. 히브리 민족의 업적이 바로 여기에 있다. 만약 모세 5경이 서양사상의 원류 중의 하나로 간주된다면, 그것은 이미지 죽이기, 눈에 보이지 않는 것에 대한 진리화의 원천인 셈이다. 그것은 더 나아가 인간 본능에 대한 가학적 억압이며, 텍스트에 대한 노예화의 출발인 것이다.

정지된 영원함 : 『사자의 서』

지중해를 가운데 두고 동서남북으로 펼쳐진 땅들은 이집트를 제외하면 대체로 비슷한 여건을 가지고 있다. 여기서 '여건'은 당대의 사람들이 가진 기술로써는 도저히 어찌해볼 도리가 없는, 주어진 상황 전체를 가리킨다. 그러나 도저히 어찌해볼 수 없다 하여 인간이 수동적인 것만은 아니어서, 그 여건 속에서도 인간은 꼼지락거리고, 꿈틀거리며 자신의 삶을 만들어간다.

이집트 이외의 지역에서는 식량의 자급자족이 불가능했다. 그에 따라 평화로울 때는 교역이, 그렇지 않을 때에는 약탈이 행해졌으며, 대개는 이 둘이 공존하였다. 이집트에서는 나일강이 삶의 모든 국면과 정신적 세계를 규정하는 근본 여건으로 작용하였다.

정기적으로 범람하여 비옥한 토양을 실어다주는 강으로 인해 이집트에서는 신석기 농업혁명이 성공적으로 정착하였으며, 이는 동시에 그들의 삶을 지루한 안정으로 이끌었다. 안정의 최종 성과는 이집트 벽화에서 뚜렷하게 나타난다. 구석기 시대에 그려진 라스코와 알타미라 동굴벽화들은 대상 세계를 있는 그대로 묘사한다. 거기에는 인간과 자연이 구별되지 않은 채 서로 엉켜 있다. 이는 한마디로 자연주의이다. 이는 이집트와 동시대의 상업문명－약탈문명－이며, 호메로스 서사시의 배경이 되는 에게 해의 크레타에서도 발견된다. 크레타 벽화의 화풍은 낭만적이고 현대적이어서 '파리지앵'이라는 제목을 가진 것이 있을 정도이다.

이집트 벽화는 있는 그대로의 묘사를 보여주지 않는다. 재주가 없어서 그런 것이 아니었다. 의도적으로 내버린 것이다. 이집트인들은 있는 그대로의 자연이 역동적이고 변화무쌍한 것임을 알고는 있었다. 그러나 그들은 동시에 그 자연의 배후에 놓인 법칙성에 주목하였다. 그들에게는 눈앞에 보이는 것이 아닌, 그 뒤에 숨어 있는 것이 진리였던 것이다. 의도적으로 포기된 자연 묘사는 형식주의에 이르렀고, 이제 자연은 인간에 대립해 있는 타자로서 나타났다. 인간과 구별되지 않고 엉켜 있던 자연은 인간이 파악해야 할 대상의 위치로 내려간 것이다.

이집트가 도달한 형식주의는 피라미드의 벽화 등에서 볼 수 있는 그림에 적용된, '정면성의 원리'를 통해 표현된다. 사람의 눈은 정면에서 본 모습이고, 발은 옆모습인데, 이게 한 그림 안에 그려져 있다. 어딘가 이상하다. 그러나 이는 하나의 공간에서 보다 많은 정보를 제공함과 동시에 더 본질적인 것을 보여주려는 시도이다. 이러한 시도는 배후의 법칙을 넘어 불멸성, 영원성에 대한 신념이 있었기 때문에 가능했다. 이러한 전통은 서양에서 기하학주의라는 명맥으로 이어진다. 기하학주의는 이미지를 포기하고 비가시적인 것의 진리화를 추구하는데, 바로 여기에 야훼가 내린, 모든 형상을 폐기하라는 명령과 만나는 지점이 있다.

이집트 회화가 형식주의를 통해 불멸성을 드러냈다면, 19왕조 시대에 파피루스에 쓰인 『사자의 서 *Book of the Dead*』는 영원한 내세를 제시한다. 이집트인들은 시체를 묻을 때 이걸 한 부 넣어 죽은 이가 영원으로 가는 여행에 가지고 갈 수 있게 했다. 영원으로 가는 여행, 내세의 삶이라는 관념이 없다면 애초에 상상도 되지 않았을 물건이다. 사실 모세 5경에는 이러한 내세 이야기가 없다. 히브리 민족의 신 야훼는 죽어서 영원한 생명을 주겠다는 약속을 하지 않고, '젖과 꿀이 흐르는 땅'으로 보내주겠다고 한다. 이 종교에 내세가 들어온 것은 디아스포라 이후이므로, 그 전까지 그들은 그만큼 현실에 집착하는 부박한 삶을 살았던 것이다.

어쨌든 이집트인들은 안정되다 못해 지루할 정도의 생활세계를 가지고 있었다. 그것이 그들에게 불멸과 영원의 관념을 가져다주었고, 이것이 응축되어 나타난 것이 『사자의 서』인 것이다. 이것에 따르면 사람이 죽은 뒤 환생을 하려면 여러 단계를 거치는데 그 중 하나가 '영혼의 무게 재기'이다. 저울의 한쪽 접시에는 죽은 사람의 심장을 놓고, 다른 쪽 접시에는 정의와 진실을 상징하는 마트(정의, 진리, 율법의 여신)의 깃털을 놓는다. 이 무게 재기의 심판관은 지혜의 신 토트이다. 접시가 균형을 이루지 않으면 죽은 이의 영혼은 '위대한 파괴자'라는 괴물에 의해 갈기갈기 찢긴다.

『사자의 서』는 그것 자체로 신성한 것이었다. 이집트에서는 책 이전에 문자 자체가 신성한 것이었기 때문이다. 그래서 그들의 문자는 신성 문자로 불린다.

영원히 흐르고 있기는 하나 정지된 것처럼 보이는 나일 강 주변에 국가를 이룬 이집트에서는 모든 것이 나일 강처럼 지나갔다. 지배계층은 영원히 모든 권력을 독점한 것처럼 보였고, 문자와 문서는 그 권력을 유지하는 주요 도구였다. 그들은 기원전 3000년경부터 파피루스 제조도 독점하여 지중해 연안 지역으로 수출함으로써 상당한 부를 축적하기도 하였다. 그러나 이런 모든 것들은 거대한 바다의 표면에서 일렁이는 잔물결에 지나지 않았다. 그들의 삶은 아주 오래도록 신석기 농업 혁명의 산물과 세계관 위에서 영위되었고, 그러다가 한순간에 붕괴되었던 것이다. 그리하여 그들의 책은 아무런 후계자도 남기지 못한 '죽은 책'이 되었다.

인간과 사회

영웅의 운명 : 『일리아스』

　　이도메네우스가 그(알카투스)의 몸을 다년간 지켜주던 청동 갑옷을 창으로 찔렀다. 그리고 창이 가슴을 뚫자 쇳소리를 내며 알카투스는 쓰러지고 심장에 창이 꽂혔는데, 아직 고동이 멎지 않았으므로 창자루가 흔들렸다. 그러자 마침내 아레스 군신이 그의 무거운 손으로 그 흔들림을 멈추게 했다.

　　죽음의 모습을 이보다 더 생생하게, 아니 잔혹하게 묘사할 수 있을까? 때는 청동기 시대, 청동 갑옷을 입은 자가 창에 찔렸는데, 창이 심장까지 찔려 들어갔다. 그런데 심장이 아직 뛰고 있다보니 그 박동 때문에 거기에 꽂힌 창자루가 흔들리고 있는 것이다. 이는 그래도 무난한 편이다. 다음을 한번 보자.

페이산드로스가 메넬라오스의 투구 깃털 바로 밑을 쳤다. 그러나 그가 달려들 때 메넬라오스는 칼끝으로 코 바로 위 이마를 명중시켰다. 그러자 그는 뼈가 갈라지고 두 눈알이 발 사이로 떨어져 피가 흘렀으며 몸뚱이가 바닥에 나둥그러졌다. 메넬라오스가 한 발을 그의 가슴 위에 올려놓고 무구를 벗기며 승리를 외쳤다. ……이렇게 말하고 메넬라오스는 시체에서 피에 젖은 갑옷을 벗겨 부하에게 주었다.

메넬라오스는 잔인하게 칼로 상대의 눈알을 파낸다. 그렇게 쓰러진 상대의 시체를 발로 밟고 잘난 척을 한다. 야비하다는 인상을 지울 수 없다. 그것도 모자라 시체에서 갑옷을 벗겨 부하에게 하사한다. 치사하게 약탈까지 저지르는 것이다. 이런 잔인함과 야비함과 치사함이 10년 가까이 벌어진 경과를 기록한 것이 『일리아스 *Ilias*』다. 도대체 이런 문헌을 어떻게 고전이라 부를 수 있단 말인가? 도무지 이해할 수가 없다. 맑고 고운 이야기만 쓰여 있어도 고전이 될까 말까 한데, 이런 책을 읽고 무엇을 배울 수 있을까?

이른바 '고귀한 영웅들의 이야기' 『일리아스』에서 만나게 되는 영웅들은 모두 다 이런 모습을 하고 있다. 그들은 잔인하다. 그들은 잘난 척한다. 그들은 야비하다. 그들은 치사하다.

겸손과 온화함, 타인에 대한 배려를 미덕과 올바름으로 배워 온 우리에게는 도저히 받아들여지지 않는 속성으로 똘똘 뭉쳐 있다.

그런데 이상한 점이 있다. 그들의 그러한 거침없음이 우리의 내면 어딘가를 건드리고 불타오르게 한다. 우리의 내면에 숨겨져 있던 잔인함을 끌어올리는 듯하다. 이것은 우리를 당황스럽게 만든다. 그 거침없음에 동조하자니 어딘지 모르게 꺼림칙하지만 그렇다고 그런 동조가 없다고 무시할 수도 없다. 한마디로 우리를 미묘한 갈등 속으로 몰아넣는 것이다. 이 서사시는 오늘날의 모든 것을 몽땅 무시하고, 살이 찢어지고 뼈가 으스러지고 피가 튀는 날것의 현장으로 우리를 데려다놓는 것이다. 그러니 이 서사시를 현대적인 의미의 권력, 계급, 성 등의 관념에 맞추어 해체하거나 재해석하여 읽는 것은 부질없는 짓일지도 모른다.

싸움의 발단은 유치하기 짝이 없다. 트로이 왕자 파리스가 스파르타 왕 메넬라오스의 집을 방문했다가 메넬라오스의 아내 헬레네와 눈이 맞아 함께 도망간다. 아내를 빼앗긴 메넬라오스의 형 아가멤논은 미케네 연합군을 구성하여 트로이 정벌에 나선다. 그러나 9년이 넘게 전쟁이 계속되면서 최초의 원인은 잊혀지고 전쟁을 위한 전쟁이 계속되는 상황에 이른다. 여자가 아무리 미인이었다 해도 이렇게 잔인한 전쟁을 계속해야 했을까? 영웅들이 아무리 명예를 소중히 여기는 사람들이었다 해도 그들의 자존심만을 위해 이런 싸움을 했을까? 『일리아스』

라는 텍스트는 이에 대해 막연한 답만을 줄 뿐이다. 따라서 우리는 '일리움' – '일리아스'는 '트로이 혹은 일리움에 관한 시'라는 뜻이다– 이라는 도시를 둘러싼 컨텍스트에 눈을 돌려봐야 한다.

『일리아스』가 묘사하는 트로이 전쟁은 사실 지중해를 중심으로 성립해 있던 두 개의 큰 세력인 미케네제국과 히타이트제국 사이에 오랫동안 벌어졌던 여러 싸움들을 집약해놓은 것이다. 기원전 14~13세기에 에게 해의 작은 섬들의 연방인 미케네제국과 메소포타미아 지역의 히타이트제국은 모두 전성기를 구가하고 있었다. 이들 제국은 이집트와는 달리 상업문명을 이룩했다. 이들이 상업문명을 구축한 것은 이들이 상업에 타고난 재주가 있었기 때문이 아니다. 이들은 자신이 사는 땅에 씨를 뿌리고 곡식을 경작해서는 먹고살 수가 없었다. 그래서 장사에 나선 것이다. 장사는 더러 약탈을 수반한다. 두 개의 제국 모두 약탈을 겸하는 상업문명이라는 것, 두 제국 모두 전성기에 이르렀다는 것, 이것들로부터 필연적으로 전쟁이 도출되어 나온다.

『일리아스』는 트로이 전쟁이 여자를 납치한 데서 시작되었음을 알려준다. 여자를 납치하여 전리품으로 주고받는 일은 너무나 빈번히 일어나서 마치 당연한 일처럼 여겨질 정도다. 그것만이 아니다. 미케네 왕궁은 잔인함이 넘쳐흐르는 곳이었다. 거기에는 폭력적인 지배자가 있었고, 늘 내분에 시달렸으며, 분쟁이 끊임없이 일어나 유혈이 낭자한 곳이었다. 아가멤

논 형제가 포함된 아트레우스 가문의 이야기는 이것을 여실히 드러낸다. 남편과 아내, 딸과 아들, 숙부와 조카, 거기에 애인들까지 끼어들어 죽고 죽인다. 서슴없이, 거침없이. 이것이 그들의 타고난 폭력성을 말해주는 것은 아니다. 거듭 말하지만 직립 보행 이후 인간의 모든 행위는 환경과의 끊임없는 소통의 산물이다. 인간이 폭력적인 것은 폭력적이지 않으면 살아남을 수 없는 세계에 살고 있기 때문이다.

『일리아스』의 기본적인 여건과 정서는 이렇게 갖추어졌다. 이제는 무엇이 그토록 오랜 싸움을 계속하게 했는지를 살펴볼 차례다. 기원전 1300년을 넘어서면서 지중해 전역은 더욱 심각한 약탈과 불안정의 소용돌이에 빠져든다. 여기에는 인구과잉, 농사의 실패, 가뭄과 기근 등이 작용했을 것이다. 미케네의 왕들은 이런 상황을 타개하기 위해 약탈전쟁에 나서서 전리품과 노예, 보물을 획득하려 했던 것이다. 이 과정의 절정이 바로 트로이 전쟁이었다고 추측해본다.

트로이는 에게 해 북부의 가장 강력한 요새이자 육상과 해상의 무역로를 지배하는 요충지에 자리잡고 있었으며 수세대에 걸쳐 왕실의 보물을 축적한 도시였다. 미케네의 약탈자들에게 이 도시가 목표로 설정된 것은 너무도 당연한 일이 아닐 수 없다. 무엇이 구실이 되었건 전쟁이 일어났고 그 전쟁은 뜻밖에도 오래 지속되었다. 미케네제국은 전쟁에 모든 것을 쏟아부었다. 전쟁에 이겼다 해도 '이겼다'는 사실말고는 남아 있는 것이 아무것도 없었다. 영웅의 명예를 얻기는 했으나 전쟁

참가자들 역시 미케네제국의 몰락과 함께 스러져갈 운명에 처했다. 미케네제국의 화려했던 문명은, 그 문명을 유지할 사람도, 에너지도 공급되지 않은 상태가 되어 버려졌고, 그 자리에는 전혀 다른 종족들이 이주해 와서 자신들만의 삶의 터전을 새롭게 일구기 시작했다. 새로운 이주민들은 기존의 문명을 이해하지 못했다. 미케네의 문자들은 잊혀졌고, 새로운 종족들은 페니키아에서 전혀 다른 종류의 문자들을 가져다 썼기 때문이다. 남은 것이라곤 용맹했던 영웅들에 관한 전설뿐이었다. 호메로스는 그렇게 전해지던 이야기들을 『일리아스』로 집대성해서 불렀을 뿐이다. 호메로스의 서사시가 집약된 장소는 미케네 왕국의 중심지 중에서 유일하게 살아남은 아테네였고, 아테네는 이를 자신들의 민족 서사시로 삼았다.

아주 오래전에 사라져간 미케네의 영웅들은 암흑 시대에도 사람들의 입을 거쳐 명맥을 유지하다가 드디어 『일리아스』에서 자신들의 용맹을 유감없이 펼쳐 보인다. 그들의 행위는 그리스적 세계관과 인생관의 집약이다. 그들은 선악이 아닌 명예와 불명예로 움직인다. 거기에는 사람의 강함과 약함, 아름다움과 추함, 정복과 굴종, 생과 사, 신의 총애와 저주 등이 어지럽게 대립하여 싸움을 벌인다. 그러니 이것을 읽고 있으면 마음이 평온할 수가 없다. 동물적 환희가 일깨워지는 탓에 저절로 손을 꽉 움켜쥐게 된다. 이 야만의 세계는 우리에게 인간의 원초적 모습을 보여주는 것이다.

그리스 아테네에서 '덕(arete)'은 선한 것을 의미하지 않았다. 그것은 어떤 것을 잘하는 탁월한 능력이었다. 영웅은 자신의 잔인한 행위로써 모든 사람에게 기쁨과 편안함을 준다. 그것은 두고두고 칭송된다. 그러나 그뿐이다. 그 역시 죽을 운명에 처해 있기는 마찬가지다. 자신이 언젠가는 죽을 운명임을 아는 영웅은 더욱더 명예에 집착한다. 죽어야 하는 인간이 획득할 수 있는 불멸성은 명예뿐이기 때문이다. 이렇게 보면 영웅 아킬레우스의 탄식은 너무도 절절하다.

아, 어머니시여, 제가 요절할 운명을 지니고 태어난 것은 사실입니다. 저는 천상의 신이신 올림포스의 제우스에게서 명예를 얻기로 되어 있지 않았나이까? 그런데 어찌 털끝만한 명예도 베풀지 않나이까?

죽을 운명의 인간이 외치는 이 탄식은 우리에게 영웅이 무엇인지, 인간은 과연 어떤 존재인지를 묻게 한다. 이 의문은 고전 그리스 시대 내내 풀리지 않는 것이었다. 그리하여 그리스의 비극들은 또다시 인간의 운명을 물고 늘어지게 된다.

철저한 자기 인식 : 고대 그리스의 비극들

모세 5경에 나오는 히브리 민족은 내세를 믿지 않았다. 그런 까닭에 그들은 중요한 일을 미루는 법이 없었다. 항상 '지금' '여기'가 중요했다. 이러한 전통이 오늘날까지 이어져 유대인들의 현실주의적 생활 태도를 형성하는 골간이 되었는지도 모른다. 히브리 민족은 극단으로 치닫는다 해도 항상 현실 세계에서 그것을 취한다. 같은 광신이라도 내세를 신봉하는 기독교도들과는 지향이 다르다. 히브리 민족의 극단적 사건 중의 하나는 역사가 요세푸스 플리비우스가 기록한 『유대전쟁사 *Bellum Judaicum*』에서 찾아볼 수 있다. 로마의 통치에 저항한 히브리 민족은 기원후 66년 여름에 봉기하여 73년 봄에 '마사다 옥쇄'로 끝나는 전쟁을 치렀다. 이때 히브리 광신자들은 모두가 괴멸되었다. 그들은 자신들의 종교와 정치 모두가 눈앞에 보이는 현실이었고, 이 둘을 자연스럽게 결합하여 신권정치로 나아갔다. 그리고 이러한 광신적 경향은 극단적인 민족주의와 이스라엘 국가를 동일시하는 정치적 시오니즘으로까지 이어진다. 이렇게 되면 종교는 더 이상 선한 믿음 체계가 아닌 피를 부르는 이데올로기로 전락하고 만다.

고대 그리스인들 역시 히브리 민족과 마찬가지로 내세를 믿지 않았다. 그들 역시 항상 '지금' '여기'를 중요하게 여겼다. 그러나 그들은 히브리인들과 달랐다. 두 민족 모두 자신들이 사는 땅에서 자급자족이 어려워 외국으로 이주하지만 그리스인들은 아무것도 없는 땅에 도시를 건설하는 데 반하여, 히브리인들은 이미 존재하는 도시로만 이주했다. 그런 까닭에 지중해 세계 곳곳에는 그리스인이 건설한 도시가 널려 있지만, 히브리인이 세운 도시는 하나도 없다. 그리스인들은 히브리인들처럼 극단적인 광신에 빠져들지 않았다. 그리스의 신들은 그런 광신을 강요하지 않았다. 히브리인들은 주변의 모든 민족들을 배제하고 자신들을 '선민'으로 간주함으로써 집단적인 정체성을 확인한다. 타자 배제가 자기 확인의 방편이 되는 것이다. 그에 반해서 그리스인들은 철저하게 각각의 개인이 자신의 정체성을 찾아 나선다. 자기 자신으로부터의 자기 정체성 확립이라는 과정을 거치는 것이다.

정체성 찾기라는 똑같은 목표를 가지면서도 히브리인들의 그것은 타자 배제를 거쳐 '옥쇄'라는 자기 파괴의 광신으로 흐르고, 이 광신은 민족주의가 가진 온갖 음험한 측면들을 죄다 품고 있었다. 그러나 그리스인들의 그것은 인간 개개인의 자아를 밝혀내고, 나아가 인간 일반을 묻는 보편주의로 전개되는 씨앗을 가진다. 황량한 사막에서 단호하게 텍스트주의를 세운 위대한 신앙이라 해도 유대주의는 보편적 철학으로 전개되지 못한 반면, 그리스의 합리적 인문주의가 서양철학의 출발점이 된 까닭이 여기에 있다.

그리스의 비극들은 철저하게 자신을 찾아가는 이들의 이야기다. 이미 이러한 자기 찾기는 호메로스의 서사시 『오디세이아 *Odysseia*』에서 서술된 바 있다. '말썽을 일으키다'라는 뜻의 이름을 가진 이 사나이는 트로이 전쟁이 끝났는데도 곧바로 집으로 돌아가지 못하고 끊임없이 방랑을 한다. 그렇게 여행을 하지 않으면 자기가 누구인지 알아내지 못할지도 모른다. 그의 여행은 아주 오래전 길가메시가 거쳤던 방랑과도 흡사하며, 훗날 오디세우스의 여행을 본떠서 만들어진, 제목도 똑같은 제임스 조이스의 소설 『율리시스 *Ulysses*』와도 닮았다. 자기를 찾는 여행이다.

오디세우스는 온갖 우여곡절을 다 겪은 뒤 집으로 돌아왔지만, 그의 아내 페넬로페는 쌀쌀맞게 묻는다.

자, 그럼 당신의 가문과 어디서 오셨는지를 나에게 말씀해주십시오.

이에 오디세우스는 자신이 직접 만들었던 침대 이야기를 함으로써 본인임을 증명한다. 그는 수많은 구혼자를 물리쳤던 페넬로페의 테스트에 합격함으로써 자신을 입증하는 것이다.

소포클레스의 비극 『오이디푸스 왕 *Oidipous Tyrannos*』의 주인공 오이디푸스 역시 자신이 누구인지 정확하게 모른다. 페넬로페의 질문을 빌려 묻자면 '자신의 가문'과 '어디서 왔는지'를 모르는 것이다. 그러니 자신의 아버지인 줄도 모르고 라이오스 왕을 몽둥이로 때려죽일 수 있었을 것이다. 오이디푸스의 자기 확인은 오디세우스의 그것과는 다르다. 오디세우스가 방랑과 아내와의 대화를 통해 자기를 확인하는 데 반해, 오이디푸스는 다른 사람의 힘을 빌리지 않고 스스로가 자신의 정체를 밝혀내기로 결심한다.

내 출생의 비밀을 밝혀내기를 꺼려서는 안 돼.

그는 주위의 만류를 무릅쓰고, 특히 그의 아내이자 어머니로 밝혀지는 이오카스테의 애절한 호소도 물리친 채 자신의 정체를 알아내고야 만다. 그는 너무도 명백한 사실 앞에서 절규한다.

오, 오, 모든 일이 실현되었구나. 모두가 사실이었구나!
빛이여! 나는 마지막으로 너를 보는구나! 저주받고 태어나
저주받은 결혼을 하고, 저주 속에서 피를 흘리게 한 이 몸.

이렇게 절규하게 되리라는 것을 그는 예감하지 못했던 것일까? 아마 알고도 남았을 것이다. 그러나 진실이 그렇게 자신을 파멸시킬 것을 알면서도, 철저한 자기 확인을 위해 그것을 향해 간다. 트로이 전쟁의 영웅 아킬레우스처럼.

그리스 비극의 비극성은 이러한 철저한 드러내기, 귀결이 파멸이라 해도 밀고 가는 힘에 있다.

오이디푸스의 딸 안티고네는 자기 확인과는 다른 차원에서 문제를 제기한다. 그러나 그 역시 철저하기는 마찬가지다. 그 아버지(오빠이기도 하다)에 그 딸(여동생이기도 하다)이다. 그의 오빠는 반역죄를 짓고 죽었다. 크레온 왕은 국법으로써 반역자의 매장을 금하나 안티고네는 이를 어긴다. 안티고네가 지키고자 하는 것은 '신께서 정해놓은 숭고한 법'이다. 그에 따르면 "하늘의 법은 어제오늘에 생긴 것이 아니며 아무도 그 법이 언제 생겼는지 알지 못"한다. 안티고네는 이 법을 지키

는 것 외에는 아무것도 거들떠보지 않는다. 극단적이고도 과격하게 그리고 철저하게, 한마디로 '래디컬'하게 신의 법의 편에 선다.

매장을 금한 크레온의 기본 입장은 다음과 같다.

조국보다도 친구를 더 소중하게 여기는 자가 있다면, 그 자는 고려할 여지도 없는 자입니다.

그는 제우스가 내려 준 지상의 법을 올곧게 지키려 한다. 이 법은 안티고네가 지키려 하는 하계의 신들의 법과 극단적으로 대립한다.

관객은 갈등한다. 둘 다 옳기 때문이다. 옳은 것과 옳은 것의 과격한 대립은 관객을 어쩔 수 없는 막다른 골목으로 몰고 간다. 안티고네는 죽고 크레온이 승리했다고 여겨지는 것도 잠시 그는 아들 하이몬의 자살 소식을 접한다. "죽는 한이 있더라도 일단 제정한 법은 지켜야 한다"면서 고집을 부린 크레온은 자신의 아들을 죽음으로 내몬 것이다. 하이몬은 약혼자인 안티고네를 따라 하계의 법을 지켜버린 것이다. 국법을 지키고자 했던 크레온이지만 혈육의 죽음 앞에서는 절망하지 않을 수 없다. 하계의 신이 정한 법은 이토록 무서운 것이다. 아무도 승리하지 못했다. 『안티고네 *Antigone*』는 피가 튀는 대결, 갈 데까지 가버린 인간세계를 보여주고 끝난다. 관객은 허탈해진다.

고대 그리스인들은 오이디푸스가 보여주는 상황을 통해서 자기를 되돌아보았다. 그들은 비극이 던지는 물음과 그에 대답하는 코러스를 들으면서 인간의 본질을 더듬어 찾았다. 그들은 안티고네와 크레온의 싸움을 보면서 전자가 지키려 하는 전통적 혈연 공동체의 윤리와 후자가 강요하려고 하는 새로운 시민적 결사체 사이에 대립이 있음을 알아차렸다. 이 물음은 오늘날까지도 완벽한 대답을 얻지 못했다. 그래서 그리스 비극은 고전이다.

순수주의의 체계화 : 『국가론』

중국의 도사 노자의 『도덕경』 제18장은 다음과 같다.

大道廢, 有仁義.
智慧出, 有大僞.
六親不和, 有孝慈.
國家昏亂, 有忠臣.

이것은 대체로 다음과 같이 옮길 수 있다. "큰 도가 없어지니 인과 의가 있게 되었고, 지혜가 생기자 큰 속임수가 있게 되었다. 육친이 화합하지 못하니 효도하는 자식과 자애로운 부모가 있게 되고, 나라가 어지러우면 충신이 나온다."

노자가 본래 말하고자 하는 바가 무엇인지를 정확하게 해석하는 일은 주석가들의 몫이니 우리는 속된 뜻만 대강 짐작해보자. 본래 뭐든 제대로 되어 있으면, 또는 천지자연의 도에 합치되어 있으면 굳이 그것을 새삼스럽게 강조할 필요가 없다는 뜻 아닐까?

다시 '나라가 어지러우면 충신이 나온다'는 구절에 주목해보자. 나라가 제대로 굴러가고 있으면 애써 충신을 찾을 필요가 없다, 충신이 있다는 것은 뭔가 안 풀리고 있다는, 위기의 징후라 할 수 있다는 게 아닐까?

현실이 이상적이면 이상향, 유토피아에 대한 논의가 등장할 까닭이 없다. 병이 있을 때 의사를 찾듯이, 세상이 어지러우면 여러 가지 대책을 마련하느라 분주한 사람이 생기기 마련이다. 그런 까닭에 유토피아론은 항상 분열된 세계에 대한 경험에서 등장한다고 일반화해서 말할 수 있을 것이다. 물론 객관적 현실세계와는 무관하게 주관적 의식 자체의 분열을 경험한이가 유토피아론을 내세울 가능성을 부인할 수는 없다. 그러나 그것은 그 개인에게 그칠 뿐이지 하나의 전범이 되어 후세에 전승되는 일이란 있을 수 없다.

그리스 아테네의 철학자 플라톤이 저술한 대화편 『국가론』은 가장 널리 알려져 있고 많이 인용되는 유토피아론이다. 이 대화편이 널리 알려지고 인용되는 이유는, 여기에 제시되는 유토피아론이 플라톤 개인의 의식 분열 상태에서 쓰여진 것이 아니어서 대화편 저술의 객관적 상황, 즉 역사적 맥락을 추적할 수 있다는 데에 있을 것이며, 더 나아가 이 대화편은 일종의 환상 체험을 기록한 것이 아니라, 그가 구상한 국가가 작동하기 위한 여러 가지 조처와 방법을 구체적으로 서술하고 있기 때문이기도 할 것이다.

플라톤의 이 대화편을 유토피아론으로만 규정하는 것은 그것이 가진 전반적인 취지를 상당히 단순화시키거나, 또는 해석자가 자의적인 이데올로기적 목적을 가지고 그것을 왜곡하려는 의도에서 나온 것일 수 있다. 플라톤이 이 대화편에서 지상 어디에도 있지 않은 나라— 이것이 '유토피아'의 본래 뜻이다— 에 대해서 말하고 있는 것은 사실이다. 그러나 그는 그러한 나라를 현실적으로 실현할 수 있다고 믿지는 않았을 것이다. 이 대화편 텍스트 자체만을 들여다보면, 오히려 그러한 나라를 염두에 두되 플라톤이 본래 논의하고자 했던 바는, 훌륭한 나라의 핵심적인 조건으로서의 올바름에 대한 것임이 명백히 드러난다. 그래서 후세의 어떤 이들은 이 책에 '올바름에 관하여'라는 부제를 붙이기도 하였거니와, 바로 이 '올바름(정의)'은 플라톤 실천철학 전체를 관통하는 열쇠라 할 수 있을 것이다. 그렇다면 이 대화편은 겉으로는 국가에 대해 논하고 있으나 그 내면은 정의를 탐구하고 있다 할 수 있겠으므로, 과연 플라톤이 말하는 정의는 무엇인지에 이 책을 읽는 이의 시선이 모아져야 할 것이다. 그것을 알아내는 것은 이제 독자의 몫이겠지만, 다른 대화편에서와 마찬가지로 여기에서도 플라톤은 '올바름'을 규정하는 데 실패하고 있으므로, 이 독서는 별 소득 없이 끝날 가능성이 아주 높다.

도대체 플라톤은 이런저런 한계를 가진 이 대화편을 왜 저술했을까? 사실 이 대화편은 플라톤 전집의 약 18%를 차지할 정도로 방대하다. 그런 까닭에 단순한 정치학 저술에 담길 만한 내용뿐만이 아니라, 플라톤의 전 관심사와 학적인 탐구가 종합적으로 담겨 있어서, 그의 중심 저작이라 해도 지나친 말은 아니다. 그러므로 이러한 저작이 쓰여진 여러 가지 여건, 즉 컨텍스트를 살펴보는 것은 그의 전 사상의 형성 내력을 해명하는 데 많은 도움이 될 것이다.

플라톤이 이 대화편에서 제시하고 있는 정치체제의 기본 뼈대는 '합의에 의한 정치'라고 하는 아테네 폴리스 고유의 것이 아니다. 이는 다른 요소들, 이를테면 처자식과 남편의 공유, 통치자들의 사유재산을 인정하지 않는 것 등의 조처들과 어울려 이 정치체제를 전체주의적 국가의 모형으로 해석하게 만들었다. 어쨌든 플라톤이 제시하는 정치체제가 전통적인 폴리스의 이념과 합치하지 않는다는 사실, 즉 플라톤의 국가는 아테네 폴리스의 반대물이었다는 것으로부터 우리는 적어도 그가 자신이 살고 있는 체제의 문제점을 느끼거나 그것의 한계 또는 몰락을 자각했다고 추론할 수 있다.

아테네 폴리스의 몰락은, 최근에 이르기까지의 모든 문명이 그러하듯이, 그리스 주변 환경의 변화에서 시작되었다. 그리스 지역의 연간 강수량은 500㎜ 정도인데, 이는 자급자족을 위한 농사에는 부족하다. 그래서 그리스인들은 염소나 양을 길렀고, 이것은 이 지역의 삼림 파괴를 초래했다. 일단 삼림이

황폐해지면 그것은 치명적이고도 돌이킬 수 없는 위협이 된다. 삼림의 황폐는 농지의 황폐로 이어지고, 농지의 황폐는 아테네 시민의 근간이자 군사력의 중추를 이루는 중무장 보병의 몰락을 가져온다. 플라톤이 살았던 시기인 기원전 400년에서 300년은 바로 이때에 해당하며, 그보다 나중인 아리스토텔레스 시대에 오면 아테네 농민은 완전히 몰락해서 곡물을 수입할 지경에까지 이른다. 이렇게 본다면 플라톤은 아테네 폴리스의 대격동기를 살았음을 알 수 있고, 그에 따라 이 대화편은 혼란의 시기에 등장한 '충성스러운' 책이라 할 수도 있을 것이다.

플라톤이 살았던 시기의 사회체제와 마찬가지로 예술도 전환기를 맞이하고 있었다. 플라톤은, 예술사적 구분에 따르면 아르카이즘 말기와 고전주의 초기에 속한다. 널리 알려져 있듯이 플라톤의 아카데미 학당 정문에는 기하학의 중요성을 강조하는 문구가 새겨져 있다. 여기서 기하학은 수학의 한 분야만을 의미하지는 않고, 넓은 의미에서의 추상적 사유를 가리킨다. 고도로 정교한 법칙을 추구하는 수학적 사유는 이미 이집트에서도 불멸의 진리에 대한 신념과 맥락을 같이했었다. 따라서 우리는 플라톤의 사유의 선구자들인 피타고라스, 파르메니데스에게서도 이러한 점을 발견할 수 있다. 이들은 명쾌한 법칙을 추구한 나머지 현실에 존재하지 않는 것도, 그것이 법칙에 들어맞는 것이라면 현실에서도 존재해야 마땅한 것이라는 태도를 취하기도 한다. 우리는 이러한 태도를 「원반 던지는 사람」이라는 조각에서 발견할 수 있다. 고전주의 시대의 대표적 작품인 이 조각은 사실상 현실세계에서는 불가능한 동작을 취하고 있다. 이는 하나의 법칙 또는 전형을 조각으로써 드러낸 것이다. 고대 이집트의 '정면성의 원리'와 같은 것이 고전주의에도 나타난 것이다.

수학적 사유를 신봉하는 이들은 모호한 것, 운동하는 것을 참된 본질로서 인정하지 않는다. 플라톤의 지적 선구자 중의 한 사람인 파르메니데스는 일자(一者)만을 실체로 인정했으며, 또 다른 선구자인 피타고라스의 교단은 그 자체가 신비주의적인 분위기를 가졌으면서도 신비한 것을 배척하였다. 피타고라스 교단은 남성만으로 구성되어 있었고, 그들에게는 극단적인 금욕과 사고의 순수성이 요구되었다. 더 나아가 그들은 실제 생활에서도 이른바 '매개' 기능을 갖는, 즉 두 세계에 걸쳐 있다고 여겨지는 것들을 철저하게 배제했는데, 그 대표적인 것의 하나가 콩을 먹지 말라는 지침이었다. 콩은 모든 신화적 사유체계 속에서 모호한 것으로 나타나며, 그런 까닭에 피타고라스는 콩을 악마적인 것으로 여겼다.

피타고라스, 파르메니데스, 플라톤 등의 순수주의는 순수 형상에 대한 신뢰를 공통점으로 하여 아리스토텔레스에까지 이어진다. 이러한 순수주의는 어쩌면 사회경제적인 여유가 없어지면서 정신이 고도로 추상화되었기 때문에 생겨난 것일지도 모른다. 다시 말해서 피타고라스나 파르메니데스는 몰라도 플라톤과 아리스토텔레스는 순수주의가 용납되기 어려운 혼란한 상황을 살면서도 오히려 그 순수주의를 체계적으로 이론화한 현실 거역의 철학자들이었다고 할 수 있으며, 플라톤의 대화편 『국가론』은 그 거역의 집대성일 것이다. 여기서 우리는 이 저작이 가진 미묘한 자기모순을 짐작할 수 있다.

플라톤의 눈에는 당시의 폴리스가 말세의 징후였을지 몰라도 서구인들에게는 아테네 폴리스가 변함없는 이상향이었다. 플라톤이 구상한 정치체제는 당대에 실현되지 못하였고, 그런 점에서 그는 실패한 철학자라 할 수도 있겠지만, 이 구상을 포함한 그의 철학은 서구사상의 가장 핵심적인 줄거리를 형성하였다. '플라톤주의'라는 말이 그것의 명백한 증거다. 그리고 플라톤주의는 사상에서뿐만 아니라 현실의 영역에서도, 더러는 철저한 타자말살을 통한 자기 정체성 확보의 이론적 근거로, 더러는 독단적 목적을 전제로 한 고도의 전체주의체제의 정당화 근거로 기능하는 등 다양한 형태로 변조되면서 끊임없이 나타났다 사라지곤 했다.

매체 : 또 다른 컨텍스트(I)

매체의 발견 : 진흙판에서 파피루스까지

우리는 플라톤의 대화편을 읽으면서 그것이 본래 종이에 쓰여지지 않았다는 사실을 의식하지 않는다. 아니 못한다. 지금 우리가 보고 있는 것만을 볼 뿐이다. 중국의 현실주의자 공자의 어록을 기록한 『논어』라는 책도 최초에는 종이에 기록된 것이 아니었다. '책'은 죽간을 끈으로 묶어놓은 모습을 본뜬 글자이다. 고대 중국인들은 대나무를 20-70㎝ 정도로 자른 후 1㎠ 넓이로 그것을 쪼개고 대나무 겉면의 얇은 초록색 막을 제거하여 반들반들하게 말린 뒤, 붓이나 먹으로 글을 썼다. 이것을 새끼나 실로 만든 끈으로 잘 묶어서 둘둘 말면 '책'

이 된다.

내용의 측면에서만 본다면, 다시 말해서 그것이 어디에 쓰여 있다 해도 진짜로 중요한 것은 내용 자체일 뿐이며 매체는 하찮은 것이라는 입장에서 본다면, 매체에 대해 생각해보는 것은 당치도 않은 일이다. 또한 매체가 컨텍스트의 구성 요소 중의 하나가 되어 텍스트를 제약한다는 것은 더욱 터무니없게 여겨질 수 있다. 그러나 사실 매체의 본질을 들여다보면 그건 그리 만만한 것이 아니다.

매체는 가장 직접적으로는 텍스트를 옮기는 도구이다. 그런데 이 '옮긴다'는 말에는 복잡한 것이 겹겹이 들어 있다. 우선 텍스트를 담는 그릇 – 그것이 죽간이건, 종이건, 진흙판이건, 디지털 저장장치건 – 이 매체다. 흰 무명천에 혈서를 썼다면 무명천도 매체가 된다. 이것들은 그저 텍스트를 담고 있을 뿐이다. 어떤 표준화 규약도, 그것을 체계적으로 주고받는 유통망도 고려되지 않았다면 단지 텍스트를 담고 있는 그릇일 뿐이다.

그러나 매체는 여기서 그치지 않는다. 매체의 두 번째 함축은 그것을 유통시키는 그물망, 즉 매체 네트워크이다. 텍스트를 담은 그릇만 외따로 떨어져 있으면 그것은 그저 텍스트 덩어리일 뿐이다. 그것의 본래 목표는 텍스트를 전달하는 데 있기 때문에 네트워크 안으로 들어가지 않으면 안 된다. 그러므로 우리는 이 두 가지를 합해서 넓은 의미의 매체로 이해할 수 있을 것이다. 텍스트를 담는 그릇이 있고, 그것을 퍼뜨리는 매체 네트워크가 있다고 할 때, 세 번째로 고려해야 할 점은 '그 그릇과 네트워크를 누가 어떤 방식으로 운용할 것인가'이다. 이것을 매체를 둘러싼 일종의 권력이라 부를 수 있겠는데, 이렇게 본다면 '매체'는 텍스트의 생산과 유통을 둘러싼 거대한 컨텍스트를 가리키는 말로 다시 규정될 수 있다. 그리고 그 컨텍스트가 끊임없이 텍스트 내용 자체와 의사소통을 하면서 텍스트를 제어하기도 하고, 매체가 가진 테크놀러지의 독특한 측면들을 텍스트가 극대화해서 활용하기도 하는 등의 상호작용이 일어나는 것이다.

앞서 언급했듯이 중국의 책들은 죽간을 묶은 것이었다. 그러나 그 이전의 모든 텍스트들은 거북의 등껍질이나 금속 그릇의 표면에 기록되었다. 그것에 기록된 내용이 무엇이 되었건, 그러한 매체만 놓고 본다면 당시의 텍스트 기록이 결코 수월한 일이 아니었음을 충분히 짐작할 수 있다. 금속기에 글자를 새겨 넣는 일은 상상만 해도 힘든 일일 뿐더러 그것을 새겨 넣을 금속 그릇 자체도 아무나 가질 수 있는 것이 아니었기 때문이다. 따라서 이 시대의 텍스트는 매체 자체에 의해 이미 고귀한 것의 위치에 올라선다.

죽간은 금속 그릇보다는 수월한 매체이다. 그러나 그것 역시 만들어 쓰는 일이 수월하지 않았고, 무엇보다도 지나치게 무겁다고 하는 단점을 가지고 있었다. 그 무거움은 사회에서 요구하는 텍스트 생산 속도를 따라가지 못했을 것이며, 나중에는 죽간 자체가 하나의 질곡으로 작용하여 더 나은 테크놀러지의 출현을 기다리는 상황에 이르게 되었을 것이다. 이것이 종이의 발명 배경이라 하겠다.

중국의 고대문명은 황하에서 생겨났다고 알려져 있다. 이곳은 황토가 많은 곳인데, 여기서 점토판이 텍스트를 담는 매체로 쓰이지 않은 것은 의아한 일이 아닐 수 없다. 메소포타미아에서는 중국과는 달리 점토판에 글을 써서 그것을 불에 구워 보존했다. 어디에서나 구할 수 있고, 쉽게 보존할 수 있는 매체라는 점에서 보면 점토판은 죽간이나, 중국에서 고급 문서에 간혹 쓰이던 비단을 능가한다. 매체 선택의 이러한 차이가 그것에 쓰여진 텍스트의 내용까지도 규정하고 있는지도 모른다.

지금까지 중국에서 발견된 죽간에 쓰여진 내용은 주로 군사조약, 철학, 의학, 수학, 천문학, 법률, 역법 등의 고급 지식이다. 그런데 수메르의 우루크 대신전 단지에서 출토된 최초의 점토판에는 곡식의 포대 수와 가축 수가 적혀 있다. 이는 두 문명의 전개 양상의 차이를 알게 해주는 실마리이면서 동시에 매체 사용의 수월함이 거기에 기록되는 텍스트의 차이까지 가져올 수 있음을 알려주는 단서이기도 하다.

널리 알려져 있듯이 이집트 사람들은 파피루스라는 갈대에 글을 썼다. 파피루스는 나일 강 삼각주 지역에서 많이 자라는 식물로 고대 이집트 사람들은 이것을 가공하여 3.5-4.5m 또는 7-8m 길이의 두루마리 파피루스를 만들어 썼다. 그런데 이 파피루스는 아무나 사용할 수 있는 것이 아니었다. 이집트 정부가 그것의 제조를 독점해서 가격이 비쌌기 때문이다. 더 나아가 파피루스에 이집트 상형문자를 그리는 일은 상당한 기술과 인내가 필요한 일이었다. 이를 통해서 보면 글자 자체가 어렵고 매체 제작방식도 수월하지 못했던 중국이나 이집트에 비하면 메소포타미아 지역이 텍스트의 보급과 유통에 훨씬 더 유리한 조건을 갖추고 있었다는 것을 알 수 있다. 이 지역은 또한 탈라스 전투를 통해서 중국으로부터 최초로 제지술을 전수받은 곳이기도 했다.

오늘날 우리에게 전해지는 고대세계의 텍스트들은 본래 기억에 의지하여 암송되어 전해지다가, 진흙판, 금속 그릇, 거북 등껍질, 죽간, 파피루스 등에 기록된 것들이다. 그것들을 기록한 매체가 대중적이지 못했다는 것을 고려해본다면 아무리 고대세계의 텍스트들이 풍부한 내용을 가지고 있었다 해도, 우리에게 전해지는 내용은 극히 일부분에 지나지 않으며, 또한 텍스트의 유통은 근본적으로 지배계급―사회의 상층 일반이기보다는 매체에 접근할 수 있는 권력과 부를 지닌 집단―에 의해 좌우되었음을 알 수 있다.

물음이 없는 단순한 세상

단순한 실천 :『갈리아 전기』

　누군가 서구문명의 거의 모든 요소들은 로마에 기원을 두고 있다고 말한다면, 그 말을 하는 이는 단순히 사실만을 말하고 있는 것이 아니다. 그는 그러한 언급의 바탕에 자부심을 섞고 있으며 그것을 과시하기까지 한다. 이러한 사실과 자부심의 혼합이 가능한 것은 현재의 세계가 서구문명의 압도적 우위 속에서 정치적, 문화적 구도를 형성해가고 있다는 상황 판단이 있기 때문일지도 모른다. 가끔은 '아시아적 가치'나 '정신의 세계'와 같은 술어들로써 그 우위성을 반박하려 하나, 그러한 반박 자체가 벌써 열등감을 드러내는 것이라고, 혹은 '옥

시덴탈리즘'의 증거라고 논파당할 수 있다. 만약 이것이 사실이라면, 인정하고 싶진 않지만 받아들일 수밖에 없다면, 도대체 서구문명의 기원을 형성한다는 로마적 요소들은 무엇인지 자못 궁금해지지 않을 수 없다.

로마적 요소, 또는 로마의 유산을 구체적으로 거론하기 전에 우리에게 떠오르는 것 중의 하나는 로마적인 것 또는 서양의 어떤 것을 언급할 때 사람들이 대개 그것에 대해 도덕적인 판단을 하지 않는다는 점이다. 가령 여전히 유의미한 로마적 요소 중의 하나로 자주 거론되는 법률체계에 대해 사람들은 그것이 얼마나 도덕적인 정당성을 가지고 있는지, 또는 그것이 천지자연의 이치와 같은 형이상학적 원리와 얼마나 합치하는지, 그리고 그것이 초월적인 인격적 신의 의지에 얼마나 순응하는지 따위는 묻지 않는다. 다만 그것이 현실의 사태에 얼마나 효율적으로 대응하는지를 따지는, 실용성이라는 잣대만을 들이대는 것이다. 이는 언뜻 보기에는 사소한 태도의 문제에 지나지 않는 듯하다. 그러나 사실 서구의 전통에서는 아주 오랜 연원을 가지고 있는 것이라 해야 할 것이요, 그 사소해 보인다는 것 또는 너무도 당연하게 여겨진다는 것이야말로 그것이 그들의 삶의 저변에 깊숙이 자리잡았음을 말해준다 하겠다.

이미' 그리스에서나 히브리에서나, 중근동에서건 지중해에서건, 서구의 연원을 형성한 이들은 목전의 현실에만 충실한 삶의 태도를 가지고 있었음을 우리는 확인한 바 있다. 더러 그들에게 나타났던 형이상학적 충동은 본질적인 것이라 할 수 없고, 격동적 삶의 한 켠에서 누리던 여가와 같은 것이어서, 간단히 말하면 우연적인 것일 뿐이었다. 따라서 로마적 세계의 분위기는 어느 날 갑자기 돌출되어 나타난 것이 아니라, 오랜 세월에 걸쳐 다져진 이러한 '저변의 용기'라고 해야 적절할 것이다.

과연 로마는 그 말의 모든 의미에 있어서 실용적이다. 로마인들에게는 사변적으로 논의해야 할 문제들이 남아 있지 않았다. 그들은 그들에 앞선 세계에서 그런 문제들을 남김없이 제기했고, 나름대로 답변을 시도했다. 나아가 그 답변의 방식, 즉 지적 탐구의 방법론까지도 설정해놓았기 때문에 로마인들은 다만 이러한 바탕 위에서 현실을 직시하고 사람의 일에만 자신들의 힘을 투여하면서, 어떠한 이데올로기에도 휘둘리지 않고 제국 건설이라는 아주 단순한 실천의 길로 걸어갔던 것이다.

이처럼 고대 그리스의 지적인 문제들이 로마에서는 진지하게 다루어지지 않은 채, 단지 호사가들의 담화를 장식하는 데그쳤고, 중세에 이르러서 도식적으로 간헐적으로 솟아나다가, 르네상스에 와서야 비로소 재생되었다고 한다면 로마 시대는 철저한 비사변의 시대라고도 할 수 있다. 그러나 그처럼 소극적으로 규정하기보다는 오히려 선행하는 시대의 사변을 삶 속에 온전히 실현해버린, 진정으로 행복한 시대라는 적극적 규정을 내리는 것이 보다 타당해 보인다.

로마적 세계가 실용적이라 함은 달리 말해서 합리성의 극단에 이르렀다는 것이다. 여기서 '합리성'을 가치가 포함된 것이나, 독일의 관념론자들이 말하는 사변적 합리성으로 이해해서는 안 된다. 그보다는 이성의 어원이 되는 라틴어 'ratio'의 본래의 뜻, 즉 '계산'으로 파악해야 한다. 로마는 이성적이었으므로 계산이 분명한 사회였다.

이렇게 셈이 분명한 것은 오늘날의 우리도 서구적인 특징이라고 일반적으로 인정하는 것이다. 그런데 이것이 로마에서 확고한 삶의 방식으로 자리잡은 것은 사실이지만, 엄밀하게 말하면 그 원리는 이미 피타고라스나 플라톤의 수학적 탐구의 태도에서 정립되었다고 할 수 있다. 수학적 방법은 달리 말하면 형식 논리학의 방법이다. 형식 논리학은 '어떤 것은 어떤 것'이고 '어떤 것은 어떤 것이 아닌 것이 아니다'라는, 이른바 동일률을 절대적인 원칙으로 삼는다. 이것은 형식 논리학의 근본 원칙인 모두스 뽀넨스(modus ponens)이다. 따라서 모두스 뽀넨스─여기서 모두스는 우선 '방법'이라는 의미를 갖는다─는 어떤 것에 속하는 것의 범위를 확정하고, 그것에 속하지 않는 것이 그것과 같지 않다는, 방정식에서 등호를 가운데 두고 좌우의 관계를 설정하는 것과 마찬가지의 원리이다. 이는 수학에 적용되고 고대인들의 일상적 대화에서 사용되어 모든 판단의 궁극적 기준이 되었다.

다른 한편으로 모두스 뽀넨스가 현실의 세계에 적용될 때, 그것은 인간세계의 계약으로서 성립한다. 로마는 철저한 계약의 세계이기도 했는데 우리는 이 점을, 그 세계의 근본 성격을 함축적으로 표명하고 있는 건국신화에서 확인할 수 있다.

늑대의 젖을 먹고 자라다가 양치기에게 발견된 군신(軍神) 마르스의 아들들인 로물루스와 레무스 형제는 세력이 어느 정도 커졌을 때 로마를 분할 통치하기로 하였다. 그리하여 로물루스는 팔라티누스 언덕에 자리를 잡았고, 레무스는 아벤티누스 언덕을 자신의 근거지로 삼았다. 그런데 얼마 안 있어 싸움이 벌어진다. 로물루스가 세력의 '경계' – 이것이 모두스의 두 번째 의미이다– 를 나타내기 위해 팔라티누스 언덕과 아벤티누스 언덕 사이에 파 두었던 도랑을 레무스가 뛰어넘었기 때문이다. 로물루스는 모두스를 무시한 레무스를 죽였고, 팔라티누스 언덕 주변에 성벽을 쌓아 그것을 도시(civitas)로 만들었다. 그에 이어 그는 폭력을 동원하여 인근에 사는 사비니족 여인들을 강탈하여 아내로 삼았다.

로마의 건국신화에는 로마적 세계의 근본 성격이 함축적으로 들어 있다. 로마의 건국자는 군신의 아들이다. 그는 그 태생에서부터 이미 전쟁이 몸에 배 있었으며, 그가 도시를 건설한 뒤에 한 일은 여인을 강탈한 것이다. 이는 트로이와 미케네 제국의 영웅들의 행위가 그대로 전수되었음을 의미한다. 로마의 전설에는 널리 사람을 이롭게 하겠다는 따위의 가치론적 의지는 어디에도 보이지 않는다. 군신이 등장하기는 하나, 전설의 핵심은 로물루스라는 인간과 레무스라는 인간 사이의 모두스에 있다. 신의 법은 문제되지 않는다. 그들은 '신의 법을 따를 것이냐, 인간의 법을 준수할 것이냐'를 가지고 고민하지 않는다. 단호하게 인간 사이에 모두스를 정하고— 이것이 이른 바 '사회계약'이다— 그것을 지키지 않았을 때에는 형제라 해도 죽이는 것이다. 인간의 법을 지키지 않은 자라면 형제라 해도 죽인다는 것, 신의 법을 따른다면 형제는 죽일 수 없는데도 인간의 법에 따라 죽인다는 것, 이것이 로마적 실용성의 사회적 단면인 것이다. 여기에는 아무런 갈등도 없다. 로마를 보는 우리는 안티고네와 크레온의, 옳음과 옳음의 대립과 같은 상황 때문에 마음고생을 할 필요가 없다.

로마는 선행하는 시대의 모든 고민을 해소하고 인간의 모두스에서 출발했다. 그리고 레무스 이후 율리우스 카이사르에 이르기까지는 그 모두스를 뛰어넘은 자가 아무도 없었다. 공화정 말기 갈리아에서 전쟁을 치르던 카이사르는 자신을 제거하려는 음모에 맞서 싸우기 위해 로마로 되돌아온다. 그는 루비콘 강 앞에서 망설인다. '원로원 최종 권고'를 따르지 않고 루비콘 강을 건너면 그는 역적이 된다. 그러나 결국 그는 루비콘 강을 건너기로 결심한다. 모두스를 파괴하기로 결심한 것이다. 이제 남은 것은 그 모두스에 걸려 죽느냐, 아니면 자신이 새로운 모두스를 만드느냐뿐이다. 그는 이렇게 외쳤다.

이미 엎질러진 물이다. 이 강을 건너면 인간세계가 비참해지고, 건너지 않으면 내가 파멸한다. 나아가자. 신들이 기다리는 곳으로, 우리의 명예를 더럽힌 적들이 기다리는 곳으로, 주사위는 던져졌다!

로마 최고의 저작 중의 하나로 꼽히는 『갈리아 전기 *Commentarii de Bello Gallico*』는 바로 이런 사람에 의해 쓰여졌다. 카이사르가 로마적 세계를 표상하고 있으면서 동시에 공화정 로마의 한계를 뛰어넘어 보편 제국으로 가는 길을 닦은 이라면, 『갈리아 전기』는 그 모든 것을 상징하고 있다고 말할 수 있다.

> 갈리아는 모두 세 지역으로 나뉘며, 그 한 지역에는 벨가이인이, 다른 한 지역에는 아퀴타니인이, 그리고 나머지 한 지역에는 그들의 언어로는 켈타이인, 로마에서는 갈리인으로 불리는 종족이 살고 있었다.

루비콘 강을 뛰어넘은 카이사르다운 과감함으로 시작되는 『갈리아 전기』는 소름끼치도록 단순하고 냉담한 실천의 기록이다. 그저 땅이 있으니 정복하러 갔을 뿐이며, 저항하는 이가 있으니 전투를 벌였을 뿐이다. 지면 내가 죽으니 이겨야 했을 뿐이며, 그곳이 약속의 땅이라는 신의 계시도 없었다. 그저 그 것뿐이다.

행복한 시대의 징후 : 『우정론』

그 자신, 영욕의 삶을 살았던 게오르그 루카치는 "분열은 철학의 필요의 원천"이라는 헤겔의 말을 진전시켜 "삶의 형식으로서뿐만 아니라 문학의 형식을 규정하고, 또 그 내용을 부여하는 것으로서의 철학이란, 언제나 내부와 외부 사이의 균열을 말해주는 하나의 징후이며, 또 자아와 세계가 본질적으로 서로 다르고 영혼과 행위가 서로 일치하지 않음을 말해주는 하나의 표지"라고 언급한 바 있다. 그는 그리스 시대가 그러한 분열이 없던 행복한 시대라 진단하나, 엄밀하게 말하면 그는 착각한 것이다. 고전 시대의 진정한 행복은 인간의 형이상학적 본성이 여전히 꿈틀거리던 그리스가 아니라 로마에서 발견되기 때문이다.

역설적이게도 또는 방정맞게도 철학은 어렵고 힘든 시대에만 발언한다. 정말 느닷없다 싶게 나타나 엉뚱한 소리를 해대면서 그렇지 않아도 심란한 사람들의 속을 복잡하게 만들어놓는다. 세상에 정말 쓸모없는 학문이요, 작태가 아닐 수 없다. 거듭 말하지만 철학이 없는 시대는 행복한 시대이다. 그러한 시대에는 철학이 있다 해도 심오한 근본 문제를 탐구하는 대답 없는 학문이 아닌, 처세술로서의 역할을 다할 뿐이다. 그런 까닭에 루카치의 말을 뒤집으면 그것이 곧바로 행복한 시대와 철학의 관계를 규정하는 것임을 알 수 있다.

단순한 실천이 공적, 사적 영역의 규준적 원리로서 작용하던 로마는 행복한 시대였으며, 카이사르와 쌍벽을 이루어 이 행복감을 드러내는 이가 키케로다. 그는 로마 시대를 대표하는 지식인이다. 지식인, 여기서 열혈 혁명투사를 떠올려서는 안 된다. 로마는 행복한 시대니까, 행복한 시대에는 혁명이 있을 수 없으니까 그렇다. 그러니 키케로가 지식인이라는 것은 그가 당대 최고의 교양을 두루 섭렵했다 - 이 섭렵에는 그리스 유학, 수사학과 철학, 법학 공부가 포함된다 - 는 것, 그리고 그것을 가지고 아주 자연스럽게 변론에 나서서 유명해졌다는 것, 또한 관직으로 나아가 최고의 자리인 집정관에 올랐다는 것을 의미할 뿐이다.

이러한 지식인에게 고난은 사회정의를 세우기 위한 투쟁 과정에서 닥치는 것이 아니라, 권력 투쟁의 와중에서 부딪히는 것이었다. 행복한 시대의 인간들은 고생도 이런 식으로 한다. 그들에게 닥쳐오는 절대 절명의 상황이란 것의 근본이 애초부터 다른 것이다.

행복한 시대의 지식인은 처세와 개인의 안락을 위한 저작을 남긴다. 키케로의 『우정론』은 웅변, 시, 서한, 철학을 망라하는 그의 작품 중에서도 라틴어 문학의 백미로 간주되는 글이다. 행복한 시대를 살았던 지식인의 저작에는 삶의 긴장보다는 문체의 다채로움을 위한 노고가 깊게 배어 있고, 또 그것으로써 평가받는다.

『우정론』은 396개의 문장으로 이루어져 있고, 라틴어 문법의 전형으로 간주될 만큼 글 자체가 정확하고 유려하다. 그러나 짧은 만큼 엄청나게 압축되어 있어서, 아직까지도 이 책에 대한 주석서가 나타나지 않았으며, 주요 서구어 번역본들 역시 자신 있는 해설을 덧붙이지 못한 채 출간되었다.

자신이 행복하다고 느끼는 자, 지금이 행복한 시대라고 간

주하는 자, 그리하여 시대의 행복과 개인의 행복을 향유하고
늘리려는 자, 고답적 취향을 가진 자들의 관심사가 되기에 충
분한 책이다.

지상과 천국, 두 세계의 갈등

환상적 불멸성 : 『신국』

인간은 태어나면 언젠가 반드시 죽어야 한다. 이것은 인간이 가진 가장 근본적인 조건이다. 인간의 몸은 이러한 조건에 굴복해야 하지만 의식은 굴복하려 하지 않는다. 몸은 멸망할 운명에 처해 있으나 의식은 불멸을 향하고 있다. 영웅 아킬레우스가 요절하리라는 자신의 운명을 깨달은 다음 신에게 원했던 것은 명예였다. 명예는 그의 육신이 스러진 다음에도 그의 이름이 사람들에게 남아 있는 것을 의미한다. 명예는 이처럼 멸망할 존재인 인간의 무상성에 대한 불멸의 보상인 것이다.

인간은 자신의 무상성을 깨닫는 순간 그것을 보상해줌과

동시에 불멸성을 보장해줄 체제를 만들어내고자 한다. 그것을 만들어낼 뿐더러 그것이 자신의 불멸성을 보장해준다는 확신만 가질 수 있다면, 그것을 위해 기꺼이 자신의 유한한 육체를 희생하기까지 한다. 인간은 자녀를 낳는다. 자녀는 자신의 가장 직접적인 산물이고 자신과의 동일성을 가장 많이 가지고 있는 존재이다. 그런 까닭에 자신과 자녀로써 구성되는 가족은 인간의 불멸성을 보장하는 가장 직접적이고 일차적인 체제이다. 자녀를 성심껏 돌보는 한편, 그 자녀에게는 자신이 죽은 다음에도 자신을 기억하길 강요하고, 그러한 기억이 계속해서 이어져 나가길 바라는데, 이것을 근본 원리로 삼아 제도화된 체제가 중국에서 기원하는 유교의 가족주의이다.

가족은 불멸성을 유지하기에는 너무도 허약한 체제다. 달리 말해서 효(孝)만 가지고는 안 되는 것이다. 이러한 결여의 상태에서 등장하는 것이 충(忠)을 강요하는 객관적 실재, 즉 국가다. 인간이 국가에 충성을 다하는 것은 그것이 현존 세계에서 가장 확실하게 자신의 불멸성을 보장해주는 체제이기 때문이다. 국가에 충성을 하지 않는 인간은 국가가 보장해주는 세속적 불멸성 따위를 경멸하는 자이다. 그러나 어쨌든 나라를 위해 몸을 바친 이들을 국가가 어떻게 대접하는지를 보면 이들 사이에는 일종의 거래관계가 성립되어 있음을 알 수 있다. 국가에 헌신하는 개인 그리고 그 헌신을 기리는 국가, 이 둘은 '불멸에 대한 수그러들지 않는 욕망과 그것을 충족시켜주는 것을 미끼로 수많은 개인의 피를 빨아먹으며 '자체의 불멸을 추구하는 국가의 욕망이라는 두 가지의 욕망이 합치된 관계에 엮여 있다.

로마라는 국가는 고대사회에서 가장 완벽한 제도를 갖춘 불멸성 보장체제였다. 고대라는 시대적 제약이 있기는 하나, 그 국가는 어느 정도 자격만 갖추면 거의 모든 이에게 국가의 구성원이라는 시민의 자격을 주었다. 로마의 시민권 정책은 로마가 보편 제국으로 자라날 수 있었던 가장 핵심적인 요소이면서, 로마라는 경계선 안에 들어 있는 인간들에게 로마의 이름으로 불멸성을 보장해주겠다는 징표이기도 했다. 루비콘이라는 모두스를 뛰어넘은 카이사르는 그가 정복한 갈리아인들에게 시민권을 부여함으로써 로마가 민족 국가의 경계를 넘어서는 단초를 마련하기도 했다.

로마인들은 행복했다. 자신의 몸을 바쳐 지켜내기만 하면 자신의 불멸성을 보장해주는, 세상에서 가장 크고 튼튼한 제국의 테두리 안에서 살고 있었기 때문이다. 이러한 상호 거래를 통한 이익이 국가와 개인 모두에게 각인되었다는 것, 이 점이 로마를 지탱한 근본적인 힘이었다. 이러한 로마가 무너졌다는 것은 불멸성 보장체제가 무너진 것을 의미했다. 이 붕괴는 한순간에 일어나지는 않았다. '이게 아닌데'라는 의심은 헌신의 감소를 낳고, 헌신의 감소는 또다시 체제의 허약함으로 귀결되고, 그러다가 로마는 무너져 내린 것이다.

그것이 더 이상 자신의 무상성을 보상해줄 수 없다는 것을 알게 된 사람들은 로마라는 도시 경계선을 벗어나 각자의 체제를 만들어내기 시작했다. 그들은 우리가 언제 국가를 이루고 살았 냐는 듯이, 저마다의 섬 속에 스스로를 가두었다. 기존 체제가 무너지면 사람들은 현실에 다시 체제를 세우려는 엄두를 쉽게 내지 못한다. 서양 중세에서는 더욱이 그런 시도가 쉽지 않았다. 현실에서 체제를 세우려는 의욕 자체를 어이없게 여기는 종교의 힘이 그들을 제압하고 감싸고 있었기 때문이다.

히포의 주교 아우구스티누스의 『신국 De civitate Dei』은 현 실의 체제가 무너진 상황에서 등장한 새로운 체제 설계도였 다. 따지고 보면 그것은 허망한 것이지만 중독성은 대단하였 다. 그것은 도시이기는 하지만 인간이 아닌 신의 도시였다. 아 직 실현된 것이 아니었기에 무너질 염려가 없었다. 그것이 실 현되는 일은 신에게 달려 있으므로 사람들을 끊임없이 재촉할 수도 있었다. 이렇게 허구 속에 세워진 도시가 중세인들을 살 아가게 한 힘이었다. 그들의 몸뚱어리는 땅 위에 있었으나 정 신은 천상에 있었고, 그저 성당에 가고 기도하면 불멸이 보장 된다는 감언이설 속에서 그 오랜 세월을 살아간 것이다. 종교 건 국가건 그것들이 보장해줄 불멸성은 거짓임을 깨닫는 일은 너무 어려웠다. 그들은 오래전에 영웅 아킬레우스가 신을 향 해 내뱉은 탄식마저 기억하지 못하고 있었던 것이다.

중세의 봄 : 『신학대전』

로마 가도는 오늘날 보아도 대단한 길이다. 일단 길 자체의 정확함이 그러하다. 큰 마름돌을 깐 차도는 4m였고, 좌우에는 3m씩의 인도가 있었다. 합해서 10m에 이른다. 4층으로 이루어진 깊이는 1m가 넘는다. 길의 규모 역시 그러하다. 기원전 3세기부터 기원후 2세기까지 500년 동안 건설된 도로의 총 길이는 간선 도로만 해도 8만 ㎞에 달한다. "모든 길은 로마로 통한다"라는 말은 직접적으로 이러한 대단함에서 나왔겠지만, 그 말은 단순히 물리적인 것만을 가리키지는 않고, 그 길을 따라 로마로 모여드는 물자와 사람, 정보까지도 포함하는 것이다. 이것들이 바로 로마를 '제국'으로 만들어주는 기본 요소라 할 수 있는 것이다.

로마 가도가 덤불 속으로 사라져갔다는 것은 길에 수레나 사람이 다닐 수 없게 되었을 뿐만 아니라, 더 이상 어떠한 정보도 교환되지 않고 있다는 것을 의미하기도 한다. 제국의 붕괴는 우선 이러한 결과를 가져왔다. 공동체와 공동체 사이에는 아무런 교류도 없었고, 라틴어라는 공용어는 잊혀지고 방언의 시대가 되었다. 덤불로 뒤덮인 가도, 마을과 마을 사이의 무성한 숲, 야만족의 끊임없는 침입과 더불어 모든 네트워크가 마비되고 두절된 것이다. 흔히 서양의 중세를 '암흑 시대'라 부르는 것은 이러한 사정과 전혀 무관하지 않지만, 그렇다고 해서 이 암흑이 중세 천 년 전체를 뒤덮고 있었다고 생각하는 건 잘못이다.

제국 붕괴의 여파로부터 중세가 암흑을 걷어낼 수 있게 된 직접적인 계기는 따뜻한 날씨였다. 기후학자들은 기원후 800

년부터 1200년경까지를 '중세 온난기'라 부른다. 이 기간은 지구가 8천 년 만에 처음 맞는 가장 따스한 시기였다. 아무리 과학기술이 발달했다 해도, 오늘날에도 여전히 사람의 삶은 거의 절대적으로 자연의 지배를 받는다. 따라서 이 시기는 우리가 상상할 수 없을 정도로 삶의 모든 것이 자연에 종속되었다고 해야 할 것이다. 그런 까닭에 문화의 최종 산물이라 할 텍스트의 생산을 가능케 한 조건을 살펴보고자 한다면, 가장 먼저 인간의 삶 그 자체를 가능케 하는 자연의 요소부터 검토하지 않을 수 없는 것이다.

따뜻한 날씨는 유럽에게 풍요를 안겨다주었다. 생활은 지극히 평탄했다. 계절은 변함없이 오고 갔고, 대부분의 사람들의 삶은 곡식을 심고, 가꾸고, 수확하는 과정의 반복이었다. 설령 수확이 좋지 않다 해도 큰 차이는 없었다. 이러한 평탄함 속에서 이른바 '중세식' 개간이 이루어져 깊은 산골까지 촌락들이 들어섰으며, 숲이 사라져갔다. 농업 생산이 증가하면서 자연스럽게 도시와 시골 모두에서 인구가 증가하였다. 아무리 종말을 향해 직선적으로 달려가는 기독교적 시간이 그들의 의식에 강요되어도, 그들의 삶은 순환하는 자연의 시간에 따라 움직여갔던 것이다.

평온함과 풍요로움은 기독교의 보편적 지배에 탄탄한 토대가 되었으며, 학문 발전에도 상당한 영향을 끼쳤다. 수도원으로 도피하여 제국의 종말에 이은 세계의 종말을 기다리던 은둔의 암흑이 걷히고 중세의 봄이 온 것이다. 학문 발전에 결정적인 촉매가 된 것은 아랍세계에서 보존되고 있던 그리스의 철학들이 유럽으로 건너온 일이다. 사람들은 흔히 고전의 재발견이 르네상스에 와서야 이루어졌다고 생각하지만 그건 사실이 아니다. 이미 12세기에 아리스토텔레스의 철학체계가 유럽에 전해져서 활발하게 연구되었으니, 그러한 기반이 없었다면 분명 토마스 아퀴나스는 『신학대전』을 쓸 수 없었을 것이다.

토마스 아퀴나스는 같은 도미니크회 수도사였던 알베르투스 마그누스에게서 철학과 신학을 배우면서 아리스토텔레스 철학의 입장과 방법을 익히게 된다. 이때 익히게 된 아리스토텔레스가 그의 『신학대전』 성립에 중요한 요소이기는 하나, 엄밀하게 말해서 이 저작은 시대의 산물이다. 앞서 말했듯이 그가 살아간 시대는 중세의 풍요가 넘치고 그리스의 철학이 유럽으로 들어와 활발하게 연구된 다음이었다. 그러므로 중세 가톨릭의 입장에서는 당시에 재발견된 플라톤철학, 아리스토텔레스철학, 헬레니즘, 아랍철학 및 이교사상 등을 기독교 중심으로 종합하고 재정리할 절실한 필요가 있었다. 토마스 아퀴나스의 『신학대전』은 바로 이러한 과제를 수행해낸 결과물인 것이다. 그의 사상은 어설픈 절충이 아니라, 기존의 모든 것을 분석하고 소화해낸 새로운 종합이었다. 철학적으로 말하면 아리스토텔레스의 태도를 바탕으로 플라톤의 이데아론을 수용하되, 둘을 체계적으로 조화시킨 것이다.

토마스 아퀴나스의 이러한 종합은 훗날 '토마스주의'의 전통이 될 정도로 탁월한 업적이었다. 그러나 우리는 토마스 아퀴나스가 중세의 풍요 위에 세워진 유일한 업적이라고 간주해서는 안 된다. 그의 업적의 이면에는 수많은 도시의 지식인들이 있었기 때문이다. 대략 12세기부터 생겨나기 시작한 이 지식인들은 그리스어로 된 고전을 번역하거나 논리학을 탐구하였다. 이들은 다른 도시민들과 마찬가지로 자기 자신이 직업인이라는 자각을 가지고 있었다. 다시 말해서 그들은 글을 쓰고 가르쳐야 하는 자신의 과제를 의식했던 것이다. 당연히 그들은 도시의 일터에서 장인이나 상인들과 함께 현실세계를 살아가면서, 나중에는 자신들의 조합을 바탕으로 대학을 만들어낸다. 이렇게 만들어진 대학이 발전하여 볼로냐, 파리, 옥스퍼드에 많은 교사와 학생들이 모여들고, 알베르투스 마그누스, 토마스 아퀴나스, 로저 베이컨, 보나벤투라 등에서 절정에 이른 것이다.

중세의 가을 : 유식한 무지론

절정에 이르렀던 중세의 봄은 여름을 거치지도 않고 가을로 접어들었다. 1300년경부터 유럽은 추워지기 시작했다. 1315년 부활절이 지나고 삼 주일 뒤부터는 엄청난 비가 오래도록 내렸다. 어떤 연대기 저자는 "감당할 수 없이 많은 양의 비가 하늘로부터 내려와 온 땅을 거대한 깊은 흙탕 늪으로 만들었다"라고 썼다. 중세인들은 이것을 분노한 신의 처벌이라고 생각했다. 이상하게 그 당시부터 유럽대륙에는 하루도 조용할 날이 없었다. 여기저기서 벌어지는 전쟁, 끊임없는 살육, 군대의 원정이 그치지 않았고, 탐욕과 무절제한 야심에서 벌어지는 충돌이 꼬리에 꼬리를 물고 일어났다. 평탄하다 못해 지루하기까지 했던 농부의 삶은 금세 고통으로 가득 찼다. 1315년 유럽 북부 지역의 마을은 이미 절망적이었고, 1316년 말경 농부들과 노동자들은 결국 거지가 되었다. 그들은 죽은 가축을 먹거나 들판의 풀을 먹으며 간신히 살아갔다. 유럽의 공동체들은 차례로 절망에 빠지고 붕괴되었다. 이 모든 붕괴가 1348년의 흑사병으로 결정타를 맞았다.

대체로 보아 13세기에 들어서면서 유럽의 인구 증가는 완만해지고, 늘어난 인구를 먹여 살리기 위해 대대적으로 행해졌던 중세식 개간은 더 이상 진전되지 못한다. 사회가 붕괴하면서 대학도 활력을 잃어갔다. 활력이 넘치던 도시의 지식인들이 모이던 대학은 점차 고인 물처럼 되어 쇄신되지 못한 채 낡은 습관들 속에 함몰된 것이다. 토마스 아퀴나스의 『신학대전』으로 집대성된 스콜라철학은 이교적 도전에 대한 기독교의 체계적 응전이었고, 그것을 성공적으로 수행했으나 이제는 오히려 새로운 학문들을 제약하는 질곡으로서 작용한다. 학문의 고착화와 함께 대학의 관료화도 이루어졌다. 13세기 말에 이르러, 대학의 교사들이 교회와 세속의 고위직을 차지하고 이를 세습하기 시작한 것이다. 이는 곧 대학의 정치권력화 또는 정치에의 예속이라는 결과를 낳았다.

대학이 권력다툼의 장으로 변모하면서 이제 대학은 더 이상 새로운 것을 만들어내지 못하고, 이는 곧 스콜라학문 자체에도 변화를 가져와 점차 거기서 멀어지는 입장들이 생겨난다. 둔스 스코투스와 오컴은 비판적, 회의적 사조를 불러일으켰고, 옥스퍼드의 머튼 칼리지 학자들과 파리 대학에서는 과학적 실험주의가 시도되었다. 또한 아베로에스주의는 파도바의 마르실리오와 장뎅의 장을 거치면서 정치학이라는 분과로 정립된다. 이 중에서도 우리가 눈여겨보아야 할 것은 반지성주의인 신비주의인데, 이는 15세기에 이르러 니콜라우스 쿠자누스에서 완성된다.

니콜라우스 쿠자누스는 중세 말에 속하기도 하고, 근대 초에 속하기도 한다. 물론 연대(1401~1464)만으로 보면 그는 분명 르네상스 초기 인물이지만, 그를 중세 말에 두는 것이 보다 타당하다. 생몰연대가 중요한 것이 아니라, 그의 사상이 관건이기 때문이다. 그에 대해서는 여러 가지 평가가 있으나 그는 근본적으로는 신비주의자이다.

신비주의는 어지럽고 고통스러운 세상에 등장하는 반지성주의의 최절정이다. 신비주의는 이성적 분별을 무시하고 모든 것을 무차별로 통합시키고자 하는 시도이다. 그런 까닭에 니콜라우스 쿠자누스에서 완성된 신비주의는 '중세의 가을'의 사상적 결정판이라 할 수 있다. 그는 중세에 커다란 영향을 끼친 신비주의자 에크하르트의 편을 들어 아리스토텔레스주의를 공격하고 '유식한 무지'를 옹호하였다.

오늘날은 아리스토텔레스 분파가 득세하여 상반된 것들의 일치를 이단으로 몰고 있으니, 그러한 일치를 인정하지 않고는 신비적 신학으로의 상승이 불가능하다. 이 분파에서 자라난 자들은 신비적 신학이란 절대적으로 무의미하고 자신들의 견해와 반대되는 것이라고 보며, 따라서 그것을 단호히 거부한다. 만일 그들이 아리스토텔레스를 거부함으로써 정상을 향해 나아갈 수 있다면, 그것은 그야말로 기적이요, 진정한 종교적 개종이 될 것이다.

토마스 아퀴나스가 『신학대전』의 방법론으로 삼았던 아리스토텔레스가 이제는 주요한 적이 되었다. 그러나 신비주의는 고작 허무주의로 귀결될 뿐이요, 중세는 어렵게 회복했던 이성을 '신성한 무지'의 제물로 바치게 되고, 합리주의적 과학은 경건한 믿음 앞에서 힘을 잃는다. 그리하여 파리 대학의 학장이었던 장 제르송은 『그리스도를 본받아』에서 이렇게 읊조린다.

많은 사람들이 학문을 얻기 위해 힘들게 애쓴다. 그리고 나는 그것(학문) 또한 헛되고 헛되다는 것을 알았으니 (그것은) 정신을 힘들게 하는 일일 뿐이다. 이 세상 자체가 지나가버릴 터인데, 이 세상 만물에 대해 아는 것이 무슨 소용이겠느냐? 마지막 날에는 네가 무엇을 알았느냐가 아니라 무엇을 행했느냐를 물을 것이며, 네가 가게 될 지옥에는 학문도 없을 터인즉 헛된 수고를 그치라.

세속의 재발견 : 『군주론』

사람들은 르네상스 시대에 고전이 재발견되었다고들 한다. 그러나 고전은 르네상스 이전인 중세에 이미 읽혀졌고, 체계로 수용되어 그 바탕이 되었으며, 혹은 부정되고 잊혀졌다. '흑사병'으로 상징되는, 중세의 가을에 닥친 고통은 사람들이 차분하게 앉아서 고전을 음미할 여유를 갖지 못하게 하였다. 그들은 신비주의로 도피했고, 현실 정치세계의 끝없는 분열은 이것을 가속화시켰다. 르네상스는 이것의 영향에서 자유롭지 못했기 때문에 르네상스가 다시 고전을 들추어보았다 해도, 깊은 반성적 사색을 거쳐 철학을 만들어낼 수는 없었다. 르네상스는 오로지 새롭게 발견된 인간을 즐기던 시대였으며, 그에 따라 그들은 눈에 보이지 않는 진리보다는 조각과 건축, 회화라는 형상물에 탐닉하였다. 르네상스의 지식인들 역시 자신들의 힘으로 어찌해볼 수 없는 현실 정치의 세계에서 한발 물러나 궁정 지식인, 권력에 봉사하는 예술가, 기술자로 살아간다.

르네상스에 재생된 고전은 고전 본래의 장엄미로 표출된다. 미켈란젤로의 고전주의는 이러한 장엄미를 충실하게 구현한다. 그러나 이것도 잠시, 르네상스의 역동적 현실세계는 미켈란젤로의 고전주의가 지속될 수 없는 여건을 만들어내고, 그것은 곧 라파엘로의 여성미에게 자리를 내준다. 너무도 짧은 시간에 고전주의는 해체되어 현실의 역동성을 반영하는 낭만성으로 전환되어버린 것이다. 르네상스의 이탈리아에서는 통일에 대한 열망은 있었으나 그것을 실현할 정치적 힘은 등장하지 않았고, 도시와 공국들은 절대적 패권의 기약 없이 싸웠다. 고전주의는 수학적 이성이 세워놓는 질서에 대한 신뢰 위에서만 성립한다. 그리스적 사색이 가진 힘은 바로 이러한 이성주의인데, 이탈리아 반도의 현실은 혼돈의 극치였다. 르네상스의 고전 읽기가 궁정 지식인의 즐거운 유희로 전락하고 미켈란젤로의 고전주의가 오래 지속될 수 없었던 것은 당연한 사태였는지도 모른다.

르네상스의 첫 번째 지식인 유형은 고상한 인문주의자이다. 도시의 작업장에서 태어나 거기서 스스로를 연마했던 12세기 중세 지식인들과는 달리, 또 그나마 대학에서 학생들을 상대로 계속되는 논박을 벌이던 스콜라철학의 박사들과도 달리, 그들은 귀족의 궁정에서 활동한다. 그들은 귀족의 후원 속에서 귀족의 비서가 된다. 그 자신, 귀족이 아닌데도 귀족과 함께 생활하다보니 귀족인 듯 착각하는 허위의식을 가지게 된다. 지식인은 본래 그가 정치적이건 아니건 귀족과 왕에게 호소한다. 귀족과 왕들을 비판함으로써 냉대를 받는 경우도 더러 있지만 그들 대다수는 귀족과 왕의 시종으로 봉사하는 유기적 지식인의 삶을 살아간다. 르네상스의 궁정 지식인들 역시 유기적 지식인들이다. 그들은 대중과의 접촉을 잃어버리고,

시끌시끌한 도시의 작업장을 벗어나 고요한 전원에 파묻힌다. 그리고 거기서 연약하지만 환상적인 질서를 찬미한다.

귀족들의 식객이 된 궁정 지식인에 이어 또 하나의 지식인 유형이 등장한다. 그들을 실용적 지식인이라 부를 수 있겠는데, 이들이야말로 르네상스의 정신, 즉 고전주의와 낭만성, 고상함과 실용성, 이상과 테크닉이 절묘하게 어우러진 과도기적 정신의 충실한 현현이다. 다빈치의 회화 「모나리자」는 스푸마토(sfumato) 기법을 보여준다. 눈 꼬리, 입 꼬리 등의 윤곽을 흐리게 만들어버림으로써 다채로운 표정을 가능케 하는 이 테크닉은 중세 회화에 나타나는 생경함을 없애면서 르네상스 회화의 완숙함을 드러낸다. 다빈치는 이 기법을 완벽하게 소화해서 구사했다. 우리는 이를 통해 회화의 내용뿐만이 아니라 그것을 표현하는 기법도 중요한 요소가 되었음을 알 수 있다. 회화에 구사된 테크닉을 통해 짐작할 수 있듯이 다빈치는 예술가이면서 동시에 테크니션의 자리도 차지하고 있었다. 그는 고대 그리스어 'techne'의 본래적인 뜻, 즉 기술을 완벽하게 구현한 인물이었으며, 그런 까닭에 오늘날의 관점에서 우리는 그를 '두 세계의 사람'이라고 부르는 것이다. 피렌체의 천재 브루넬레스키는 다빈치에서 한 걸음 더 나아간다. 이 나아감은 그가 하나의 세계를 버리고 다른 하나의 세계가 요구하는 완벽한 테크니션이 되었다는 의미에서 보면, 철저한 세속화로 이해할 수 있다.

그들이 아무리 현실세계를 의식했다 해도, 미켈란젤로, 라파엘로, 다빈치, 브루넬레스키에게 있어 현실세계는 여전히 자신의 삶 속으로 들어오지 않은, 절실하지 않은 대상세계일 뿐이었다. 그런데 마키아벨리라는 지식인에게는 현실이란 다른 모든 것을 제쳐둘 만한 가치가 있는 것으로 다가왔다. 아니 다른 모든 것은 일고의 가치도 없는 것이었고, 오로지 현실만이 당면한 이슈였다. 르네상스는 인문주의자, 고전주의자, 낭만주의자, 두 세계의 지식인 그리고 완벽한 엔지니어를 거쳐 드디어 지식인이라 부르기도 모호한 현실정치적(Realpolitik) 세속인을 창출해놓은 것이다.

마키아벨리 역시 본질적으로 궁정 지식인이었다. 그 역시 지배자를 위한 이념과 실천 지침서, 즉 이데올로기를 만들어내는 이데올로그였다. 그러나 그는 전원에 파묻혀 고요한 질서를 찬양하는 비현실적 궁정 지식인이 아니라, 분열과 반목, 침략과 방어라는 날것의 현장에서 동분서주했던 서기관이었다. 그의 텍스트들은 역사적 현실이라는 컨텍스트에 너무나 철저하게 밀착되어 있어서 어느 것이 현실이고, 어느 것이 그에 대한 텍스트인지 구별하기 힘들 정도이다. 이렇게 텍스트만 보아도 우리는 그가 고대 그리스 비극의 철저한 인식과 로마제국의 단순한 실천이라고 하는 서구의 전통 위에 서 있음을 어렵지 않게 짐작할 수 있다. 마키아벨리의 『군주론』은 가차 없는 솔직함으로써, 그가 염두에 두고 있는 율리우스 카이사르의 후계자인 체사레 보르지아— 라틴어 '카이사르'를 이탈리아어 식으로 발음하면 '체사레'이기도 하다—를 찬양함과 동시에 그의 리더십이 펼쳐지는 현실에 대해서도 냉혹한 분석을 감추지 않는 것이다.

그들, 체사레와 마키아벨리의 목적은 이탈리아의 통일이었다. 중세의 가을에 이어지는 르네상스는, 앞서 말했듯이, 분열의 공간에서 낭만성이 전개되고 있었다. 이 시기의 다른 지식인인 니콜라우스 쿠자누스 역시 대립의 통일을 목적으로 삼았다. 그러나 쿠자누스가 신비주의 속에서, 중세적 방식으로 그 목적의 성취를 시도했다면, 마키아벨리는 고유한 의미에서의 이성을 통해 철저한 세속 국가를 건설함으로써 그것을 이룩하는 방도를 찾았다. 그의 잣대는 이것 – 현실에서 작동하는 냉혹한 이성 – 뿐이었다. 이것에 근거하면 선의는 무의미한 감정 낭비일 뿐이며, 도덕은 거추장스러운 장식품에 지나지 않는다. 『군주론』은 바로 이러한 원리 위에서 쓰여진 현실 정치 지침서인 것이다.

구체적으로 『군주론』은 '무장한 예언자'를 모토로 내세운 지도자론, 정권을 장악하고 유지하는 법, 적을 다루는 방법, 신민을 정복하고 충성심을 유지하는 대책, 군대를 운용하는 전략과 전술로 가득 차 있다. 몇몇 도덕주의자들은 이 텍스트를 사악한 것이라 비난하기도 한다. 그러나 르네상스의 혼란한 현실은 사악한 것도 선한 것도 아니었고, 그저 당면해서 극복해야 할 현실일 뿐이었다. 이런 현실 앞에서 도덕을 이야기하는 것은 오히려 위선이다. 차라리 컨텍스트가 철저히 반영된 텍스트를 만들어내는 것이 정직한 지식인이며, 마키아벨리가 걸어간 길도 바로 그러한 것이었다.

『군주론』으로써 마키아벨리는 중세에 소실되었던('지금' '이곳'에 관심을 가진다고 하는) 그리스 영웅들이 보여주기도 했던 '실존성'이라고 하는 서구의 전통을 재생시키고 그것을 현실에 옮겨놓는다. 이제 이 전통은 근대에서 정치적, 경제적, 도덕적 정당화를 얻기 시작한다. 마키아벨리에 이어 근대인들은 국가가 불멸성을 보장해주는 체제가 아님을 확고하게 깨닫고 철저한 계약의 규범을 세우고 그것을 내재화한다. 그런 점에서 『군주론』은 어설픈 중세를 확실히 정리하고 근대의 현실 정치세계를 열어젖힌 고전이며, 오늘날에는 통용되는 매뉴얼로 받아들여진다.

매체 : 또 다른 컨텍스트(II)

인쇄술, 매체의 혁명

철저한 세속 도시의 지식인 마키아벨리의 『군주론』이 당대에 얼마나 읽혔는지는 알 수 없다. 다만 피렌체의 명문 메디치 가의 '위대한' 로렌초 데 메디치에게 바쳐진 이 책이 대중들에게 쥐어지지는 않았으리라는 것을 짐작할 뿐이다. 오늘날도 마찬가지다. 아무리 마키아벨리가 필독서라 해도 그것을 손에 쥐는 이는 소수일 것이며, 쥔 뒤에도 정독을 하는 이는 그 중에서도 적은 수일 것이다. 고전이라는 사실이 그 책을 널리 또 열심히 읽게 하는 결정적인 요인은 아니다. '널리' '열심히', 특히 '널리'를 결정하는 요인은 책의 내용과는 무관한 것일 수 있으며, 이것을 명쾌하게 밝혀내기만 한다면, 오늘날에도 출판시장을 단숨에 장악할 수 있을 터이니, 그 대답이 궁금한 이들은 참으로 여러 부류일 것이다.

예나 지금이나 스테디, 베스트 셀러는 성서라고들 한다. 이는 성서 자체의 내용에도 기인하겠지만, 성서를 경전으로 삼는 신앙인 집단과는 결코 떼어놓고 생각할 수 없다. 그 집단의 성원이 계속해서 그 정도로 생겨나는 한 성서의 판매는 여전히 그러할 것이다. 이런 경우 우리는 성서가 널리 읽히는 결정적인 요인을 그 텍스트를 수용하는 집단에서 찾을 수 있다.

브리태니커 백과사전은 오랜 세월 동안 그 분야에서 명성을 누려왔다. 그러나 인터넷 매체의 출현으로 사전의 매출은 감소하기 시작했다. 아무리 좋은 책이라 해도 그것에 쉽게 접근할 수 없다면 그것이 널리 읽히지는 않는다. 백과사전의 경우 접근의 어려움은 비용의 탓이 가장 크며, 고비용은 구체적으로는 백과사전의 내용을 담고 있는 매체 때문에 생겨난다. 인터넷은 책으로 된 백과사전에 비해 상대적으로 비용이 싸다. 그런 까닭에 접근이 쉬워진 것이다. 이런 경우 우리는 백과사전이 수용되는 결정적인 요인을 그 텍스트가 담긴 매체에서 찾을 수 있다.

텍스트를 수용하는 집단과 텍스트를 담는 매체가 텍스트의 유통과 전파를 결정하는 중요한 요인들임은 이미 앞서 이야기한 바 있다. 그러면 이것을 좀더 다듬어보기로 하자. 거듭 말하지만 텍스트는 외따로 존재할 수가 없다. 그것이 널리 열심히 읽히는 것은 텍스트를 생산하고 그것이 전달되는 중간의 여러 절차들과 조직들 전체가 유기적으로 작용할 때에만 가능한 것이다. 이 전체는 크게 세 가지 층으로 나누어볼 수 있다. 하나는 텍스트의 내용이요, 다른 하나는 그 텍스트를 만들어내고 공유하는 조직이며, 마지막 하나는 그 텍스트를 기록하고 소통하기 위해 사용하는 테크놀러지, 즉 좁은 의미의 매체라는 층이다. 이 세 가지 요소는 서로가 서로를 긴밀하게 제약하면서 성립한다. 이를테면 텍스트를 제작하고 유통시키는 방식은 텍스트 자체에 영향을 끼칠 수도 있고 그것을 공유하는 조직의 형태에도 파급력이 있을 수 있는데, 이때 우리가 눈여겨보아야 하는 점은 모든 요소들의 그러한 관계들은 순수한 텍스트적인 것이 아니라, 다시 말해서 텍스트의 내용 자체에 의해서만 규정되는 것이 아니라 컨텍스트에 의해 규정된다는 사실이다.

고대로부터 시작된 텍스트 생산의 독점적 구조는 오랜 세월 동안 깨지지 않았다. 그것을 나누지 않음으로써 자신들의 특권적 지위를 유지하려는 텍스트 생산조직 그리고 텍스트를 생산하는 장비와 재료의 희귀성 등이 그 원인이었다. 중세에도 텍스트는 여전히 양피지와 같은 귀하고 비싼 매체 위에 쓰여졌고, 그것을 만들어내고 향유하는 이는 수도원이나 일부 귀족에게만 국한되어 있었다. 그리고 각 지역은 방언을 썼을 뿐, 그것이 텍스트로 생산되지는 못하고 있었다.

이러한 상황에서 활판 인쇄술은, 르네상스 이후 점차로 세계와 인간에 대한 지식을 원하던 이들에게 이 모든 난관을 해결할 수 있는 핵심 기술로 등장하였다. 시작은 고작 성서의 인쇄였으나 그것의 파급효과는 광범위하고 깊어서, 활판 인쇄술에 우리는 '혁명'이라는 이름을 붙인다. 현대는 온갖 종류의 매체가 발전해 있다. 이들 매체는 독특한 테크놀러지를 갖추고 각각의 매체마다 고유한 사용자 집단을 가지고 있기도 하다. 그러나 이러한 매체들이 아무리 폭넓은 영향력을 가지고 있다 해도 이것들은 활판 인쇄술의 범위를 넘어서지 못한다. 활판 인쇄술은 성서의 보급과 대중화를 통해 교회의 신앙 독점을 부수었고, 근대사회로의 문을 열어젖힌 프로테스탄트 집단을 만들어내었으며, 이를 통해 또 다른 대중을 형성하는 데 기여했다. 이 모든 것들이 현대를 이루고 있는 요소들의 원천임은 분명한 사실이며, 그 저변에 놓인 것이 바로 활판 인쇄술이라고 하는 매체인 것이다.

세속 세계의 폭력적 완결

차가운 현실법칙 : 『리바이어던』

우리가 '영국'이라고 부르는 나라는 엄밀히 말하면 잉글랜드를 포함하는 대영제국이다. 이 나라를 과연 로마제국과 같은 '제국'으로 부를 수 있는 요소는 무엇일까? 우리는 로마제국에서 '단순한 실천'을 보았다. 짐작하건대 한때 그레이트 브리튼을 제국으로 만들어준 것 역시 이러한 것 아니었을까? 그리고 이러한 단순한 실천의 밑바탕에는 담백한 현실 수긍, 가치 판단의 배격이 놓여 있는 건 아닐까? 그렇다면 과연 이러한 현실 수긍 또는 가치와 사실의 분리라는 경향은 어떻게 정리할 수 있을까? 이러한 경향은 반드시 특정한 나라에서만 생겨난 것이 아니라 우리가 근대사회라고 부르는 곳에서 보편적으로 발견할 수 있는 것이다. 따라서 이는 르네상스 이후 서구 사회에서 일관성 있는 흐름과 의도를 가지고 발전된 것이라 해야 적당할 것이다. 이 흐름을 정리하기 위해 먼저 베이컨의 『신기관』을 들춰보기로 하자.

베이컨의 『신기관』은 제목을 보아도 확연히 알 수 있듯이, 아리스토텔레스가 정립했던 학문의 기초적 방법론인 '오르가논(Organon)'을 폐기하고 새로운 것을 확립하려는 목적을 가진 저작이다. 이 책의 제1부는 '우상파괴 편'으로 편견을 논박하고 자신의 고유한 학문방법론인 귀납법의 개요를 드러낸다고 하는 소극적인 측면을, 제2부는 '진리건설 편'으로 참된 귀납법의 예를 보여주려는 적극적, 실용적 측면을 가지고 있다.

베이컨에 따르면 전통적 논리학은 황당무계한 억측이며, 자연에서 발견되는 실제 모습과 부합되지도 않고, 그것을 다룰 수도 없다. 이렇게 전통적인 논리학을 비판하고 나서 그는 새로운 학문방법론을 제시하는데, 그것은 개별적인 것에서 출발하여 일반 명제에까지 도달하는 귀납법이다. 이를 달리 말해 보면 우리가 학문의 대상으로 삼을 수 있고, 진리로 인정할 수 있는 것은 감각 경험을 통해서 확인된 것들뿐이며, 눈에 보이지 않는 가치나 목적 따위는 무의미하다는 것이다. 이러한 주장을 통해서 베이컨은 아리스토텔레스의 전통적 논리학을 철저하게 배격했고, 그렇게 함으로써 그는 앞선 모든 전통과의 연결고리를 끊어내 버린다.

베이컨의 이러한 시도와 성과가 영국 고유의 것만은 아니었겠지만, 영국이 당대의 유럽에서 독특한 사회적, 역사적 배경을 가지고 있었음을 상기해볼 필요는 있다. 우선 영국은 유럽 여러 나라 중에서 가장 먼저 농업혁명을 성취하였다. 여기서 농업혁명은 단순히 농업 생산성이 높아졌음을 가리키는 것이 아니라, 전통적인 중세적 농업 생산양식이 완전히 파괴되고 전혀 새로운 방식이 등장하였음을 의미한다. 흑사병 이후 유럽은 이러한 농업혁명을 통해 땅에 매여 있던 농민들을 대거 해체시켰고, 그들은 중세적인 의미의 농노가 아닌 근대적인 농업 프롤레타리아로 전환되었다. 영국에서 이런 일들이 선구적으로 일어났고, 이 과정에서 영국의 정치적 제도나 사회 구성원들의 관행과 의식까지도 전통에서 크게 벗어나게 된 것이다. 더 나아가 영국은 근대에 들어서는 길목에서 극심한 내전 상태에 빠져들게 되는데, 그것을 거치면서 전통적인 귀족계급이 해체되고 경제적 이익을 전면에 내세우는 국가로 탈바꿈한다. 한마디로 현실 속에서의 단순한 실천을 국가의 원리로 삼게 된 것이다.

제도가 어느 정도까지 정착되고 사람들이 그것에 익숙해져서 그걸 통해 나름대로의 삶을 꾸려나가기 전까지는, 즉 전환기는 항상 고통과 불안을 가져다주기 마련이다. 영국의 전환기 역시 끝없는 내전과 탐욕의 시대로 규정될 수 있으며, 이러한 시대에 질서를 바라는 것은 당연한 일이 아닐 수 없다. 1651년에 쓰여진 토마스 홉스의 『리바이어던 *Leviathan*』은 이러한 상황에서 나온 저작이다. 피렌체의 마키아벨리가 가차없는 솔직함으로 현실 정치적인 대책을 논했다면, 홉스는 가공할 만한 정확함으로 당대의 현실을 파악하고 대안을 제시하고 있다. 그가 파악한 혼란한 현실의 모습— 이것을 그는 '자연 상태'라 이름 붙였다— 은 너무도 뚜렷해서 전율을 느낄 정도이다.

그에 따르면 자연 상태에 사는 사람들의 삶은 고독하고 빈곤하며, 야비하고 잔인하며, 짧다. 인간은 본성상 탐욕적이고, 권력을 추구하기 때문에 반드시 서로 싸움을 벌이게 되고, 그런 까닭에 삶이 비참해지는 것이다.

> 한 개인의 힘은 다른 사람의 힘의 결과와 대립되고 충돌된다. 힘은 단순한 것이 아니고, 오히려 다른 사람보다 우월한 한 개인의 능력의 초과분이다. 그리고 똑같은 힘은 대립되고 서로를 파괴한다. 그리고 그러한 대립은 경쟁이라고 한다.

이것은 자연 상태에서의 개인의 힘과 경쟁에 대해 서술한 글이다. 그런데 이를 곰곰이 살펴보면 이는 자연 상태의 것이라기보다는 전쟁 상태에 있는 인간의 모습이라 해야 타당하다. 그리고 이는 더 나아가 현대 자본주의사회의 경쟁 상태를 묘사하는 것처럼 보이기도 한다.

홉스는 어설픈 이상을 내세우거나 탁상공론을 일삼지 않았다. 그는 공권력이 없을 때 벌어지는 상황을 있는 그대로 철저하게 수긍하고, 그것을 해소할 수 있는 단순한 실천 방안을 찾아내려고 한다. 그가 내놓는 대안은 각각의 개인이 자신의 자유를 포기하고 주권자에게 그것을 양도하는 것이다. 자유는 포기되었을지라도 생명을 보존할 수 있다면 그것으로 만족해야 한다. 홉스는 이처럼 인간에 대해서나 사회에 대해서나 '좋은' 말을 전혀 하지 않았다. 그런 말은 현실적인 구속력도 타당성도 없었기 때문이며, 따라서 필요한 것은 오로지 철저한 현실 인식 위에서 즉각적으로 효력이 생겨날 대안뿐이었다.

이렇게 보면 홉스는 베이컨의 『신기관』이 제시한 방법론의 연장선상에 서 있다고 할 수 있다. 그 역시 아리스토텔레스를 배척하고 갈릴레오의 영향을 받아, 인간을 자기 보존의 욕구를 충족시키기 위해 끊임없이 운동하는 존재로 파악하였다. 이는 기본적으로 근대 자본주의사회에서 보이는 인간의 모습이라 할 수 있으며, 그가 말하는 자연 상태 역시 자본주의사회에서의 경쟁 상황으로 이해할 수 있는 것이다. 그리고 여기에 홉스가 가진 통찰력의 탁월함이 있다. 즉, 그는 당대의 사회가 이미 자본주의사회로의 발걸음을 내딛었으며, 그것이 앞으로 펼쳐질 세계의 모습이 될 것이라 예측한 것이다.

사람들은 너무 솔직한 것에 진저리를 내고 속으로는 그것의 참됨을 인정하면서도 표면적으로는 온건한 태도를 선호하는 경향이 있다. 로크는 똑같이 자본주의체제의 옹호자이면서도 홉스보다는 널리 받아들여졌고, 그런 점에서 그는 감미롭지만 차가운 사람이다. 사실상 로크는 『정부에 관한 두 개의 논문』을 저술함으로써 현대 서구사회의 주류가 되는 정치경제체제의 정당화에 가장 큰 공헌을 한 사람으로 간주되는데, 특히 인간의 노동과 노동의 산물을 재규정함으로써 사유재산을 확실하게 정당화했다는 점을 눈여겨볼 필요가 있다.

로크는 인간의 신체가 각자의 것이라는 데서 출발하여, 노동의 산물, 더 나아가 자신의 노동뿐만 아니라 하인의 노동, 함께 일한 자들의 노동의 산물까지도 개인의 재산이 된다는 논의를 전개한다. 그리고 그는 이렇게 재산을 취득할 수 있는 권리에 '자연권'이라 이름 붙임으로써 이론적인 정당화를 완성한다. 이 과정은 바로 무제한적인 자본주의적 점유를 방해하던 도덕적 제약을 완전히 깨뜨리는 것이어서 재산에 근거한 계급적 차별까지도 정당화하게 되고, 그러한 차별을 자본주의 사회의 도덕적 기반으로까지 삼게 한다. 이로써 우리는 베이컨에서는 단순히 학문의 방법론 차원에서 제기되던 감각 경험 중시가 홉스에서는 자본주의 이데올로기의 초보적인 이론으로 전개되고, 로크에 와서는 완전한 이론체계로 세워지는 것을 알 수 있게 된다.

영국에서 세워진 이러한 이론체계는 자본주의체제의 발전과 함께 전세계로 퍼져나갔다. 그 결과 오늘날의 세계는 홉스가 말한 전쟁 상태가 되었고, 세계 어디서나 무제한의 탐욕이 도덕적으로 올바른 것으로 간주되는 태도가 받아들여지고 있다. 현실의 탐욕의 논리가 그대로 도덕적 가치가 되는 오늘날의 냉혹한 세계는 제법 오래전부터 시작된 것이다.

텍스트에 의한 전통의 전복 : 『백과전서』

프랑스 혁명 때 농민들이 "빵을 달라"고 외치고 있다는 말을 들은 왕비 마리 앙투아네트가 "빵이 없으면 고기를 먹으면 되지"했다는 일화는 널리 알려져 있다. 사실 여부를 떠나 이 일화에서 철없는 앙투아네트를 경멸하건, 빵을 달라고 외친 농민들의 절박함에 가슴 아프건, 그건 독자가 알아서 할 일이다. 그러나 저 일화는 적어도 한 가지 분명한 역사적 사실을 전하고 있다. 즉, 프랑스 혁명이 일어난 1789년, 가난한 자들의 관심은 빵뿐이었다는 것. 어찌 보면 어이없는 일이다. 세계사의 한 획을 그었다는 프랑스 혁명이 고상한 이유가 아닌 빵에서 시작되었다는 것은. 그러나 사태는 그렇게 간단하지 않다. 프랑스 혁명 이전에 오랫동안 벌어진 일련의 상황들을 보면 그것들이 누적되어 '빵'으로 응축되었다는 느낌을 받기 때문이다.

15세기부터 18세기까지 유럽은 물론이고 세계는 거대한 영세 소작농 집단으로 가득 차 있었다. 다시 말해서 세계 인구의 80-90%가 오로지 땅에서 나오는 것만으로 먹고살았다. 이와 같은 자급자족의 생계형 농업경제에서는 기후가 모든 사람에게 영향을 끼치는 핵심적인 요소로 작용하여 사람들은 단기적인 기후 변화에 목을 매고 살게 된다. 프랑스의 농민들도 예외는 아니었다. 18세기에 들어서도 여전히 자급자족형 농업에 매달리고 있던 프랑스 농민들은 기근과 질병, 전쟁으로 인한 굶주림의 공포 속에서 살아갔다. 태양왕 루이 14세 치하에서도 프랑스 인구의 1/10이 1693~1694년의 기근과 이에 따라 일어난 전염병으로 죽었던 것이다. 그런 공포 속에서 빈발했던 **빵** 폭동은 무자비하게 진압되었다.

농업 생산의 불안은 100년이 넘도록 계속되어 18세기에 이르면 프랑스는 토지 부족, 인구 증가, 흉작 대처 능력의 취약성, 급작스런 기후 변화 등과 같은 온갖 악조건을 겹쳐서 겪게 되고, 이로 인해 시골 지역까지 불온한 분위기가 감돌았다. 그 불온한 분위기는 프랑스 혁명 때 분노로 바뀌어 화려하기 그지없는 낭비가이며 경솔한 왕비 앙투아네트를 향해 세찬 파도처럼 밀려갔다. 왜 지폐가치가 나날이 떨어지는지, 왜 빵값이 나날이 올라가는지, 왜 나날이 세금이 많아지는지, 원인은 분명해 보였다. 왕비 마리 앙투아네트였다.

그러나 이는 군중의 착각이었다. 앞서 이미 밝혔듯이 프랑스 농민의 굶주림은 앙투아네트의 낭비 때문이 아니라, 기근과 흉작, 더 근본적으로는 기후 변화에 대처하지 못한 프랑스 지배층에 있었던 것이다. 한마디로 구조적인 문제였다. 그런데 왜 프랑스 농민들은 모든 사태의 원인이 왕비에게 있다고 믿은 걸까? 혹시 그들이 폭동을 일으키기 전에 왕비에 대한 나쁜 소문을 들었던 것은 아닐까?

이 물음에 답하려면 프랑스 혁명기에 절정에 이르렀던 정치적 포르노그래피를 살펴보아야 한다. 프랑스 계몽주의 시대의 포르노그래피는 오늘날의 외설 음란물과는 달리 교회와 국가의 권위에 대한 저항 수단으로서 일종의 정치적 문헌이었다. 정치적 포르노그래피는 유물론에 근본을 두었고, 성직자, 귀족, 수녀들에 대한 경멸적 비판을 주 내용으로 하고 있었다. 이러한 포르노그래피는 프랑스 혁명기 동안 맹렬하게 증가하였고, 독자층은 점차 대중으로까지 넓어졌다. 정치적 포르노그래피 작가 중에는 미라보와 생쥐스트 같은 주도적 혁명가도 있었다. 이처럼 정치적 동기를 지니고 있던 포르노그래피는 '앙시앙 레짐(구체제)'으로 상징되는 전통적 사회, 정치체제의 정통성을 침해함으로써 혁명을 야기하는 데 큰 도움이 되었다.

그러면 이들 포르노그래피 중에서 앙투아네트와 연관된 것은 무엇인가? 포르노그래피는 많이 있었으나 사실 사람들에게 가장 널리 읽히고 파문을 불러일으킨 것은 마리 앙투아네트에 대한 것, 특히 그 자녀들의 친부가 의심스럽다는 내용이었다. 앙투아네트가 노골적으로 음란한 주인공으로 등장하는 『취한 오스트리아 여인』에서 왕비는 국왕의 동생인 다르투아 백작과 관계를 맺으면서도, 그녀가 총애하는 폴리냑 공작부인과는 동성애 관계에 있다. 이러한 설정이 말하고자 하는 것은 국왕 루이 16세가 성불구라는 것이며, 이 작품은 이러한 비방을 통해서 왕권에 치명타를 가하려고 하는 것이다.

모두들 소곤거린다네.

국왕께서 될는지 안 될는지.

슬픈 왕비는 체념하는데…….

이 구절을 보면 분명 국왕은 임포텐스고 왕비는 음녀(淫女)다. 수많은 정치적 포르노그래피가 나돌았지만 앙투아네트에 관한 것은 이처럼 압도적으로 인기가 있었다. 그래서 흑색선전을 만드는 사람들 사이에서는 마리 앙투아네트를 비방하는 팸플릿을 만드는 일이 가장 두둑한 이윤이 남는 사업이었고, 그에 따라 앙투아네트는 프랑스 대중들에게 악의 화신으로 각인된 것이다. 이쯤 되면 우리는 분노에 가득 차서 빵을 달라던 대중들이 왜 앙투아네트를 겨냥했는지 짐작할 수 있을 것이다.

정치적 포르노그래피가 프랑스 혁명기의 대중적 문서였다면 『백과전서』는 원리적인 문헌이었다. 1772년에 완간된 『백과전서』는 근대 계몽주의의 완성을 상징함과 동시에 지식 세계를 새롭게 구조화하려는 전략의 실현이기도 하다. 『백과전서』는 직접적으로는 알베르투스 마그누스의 혁신을 이어받아 중세 스콜라철학을 완성한 토마스 아퀴나스의 『신학대전』을 전복하고자 한다. 그리고 그러한 지식의 전복을 통하여 현실 세계에서의 권력까지도 뒤엎으려고 한다.

그렇다면 이제 『백과전서』의 전략과 전술을 구체적으로 살펴보기로 하자.

『백과전서』는 기본적으로 지식을 다시 분류하려고 한다. 지식뿐만 아니라 현상을 분류하는 방식은 원칙상 임의적이다.

다시 말해서 누구든 제멋대로 현상을 구분할 수 있으나 이것이 널리 통용되지는 않는다. 그러나 권력자는 권력을 통해 정당화하거나 강요함으로써 자신의 임의적 구분을 통용시킬 수가 있다. 그리고 그것을 사람들이 받아들이게 되면 사물과 지식은 분류 도표로 확립되어 질서라는 이름을 얻게 된다. 백과전서파는 지식 분류가 가진 이러한 권력구조를 알고 있었다. 그리하여 그들은 전통적 질서를 해체하는 전략으로 새로운 지식 분류를 채택하고 그것을 바탕으로 『백과전서』 편집 작업에 착수했다.

이러한 지식 재분류 작업은 프랑스의 『백과전서』가 처음 시도한 것은 아니었다. 이미 16세기부터 지식의 질서를 잡는 방법과 배열에 관한 논쟁이 있었으며, 지식을 도식으로 압축시키려는 경향이 출현하였는데, 이는 이른바 '지식의 나무'로 불렸다. 『백과전서』는 베이컨과 체임버스가 제시한 '지식의 나무'를 검토한 뒤, 자신들만의 그것을 제시한다. 그들은 사람들이 신성하다고 주장하던 것들을 학문의 세계에서 배제시켜버림으로써 세계에 새로운 질서를 부여하려 했다. 그들이 신성한 것을 배제할 때 사용한 원리는 감각적 인식만이 우리에게 사실을 가져다줄 수 있다는 경험론의 주장이었다. 그에 따라 경험으로 인식할 수 없는 신에 대해 다루는 신학은 미신의 위치로 떨어지고 예술과 과학이 최고의 위치를 차지하게 된다. 이러한 지식 재편성 전략에 근거하여 『백과전서』를 편찬함으로써 백과전서파는 스스로를 근대의 혁명적 지식인의 전형으로 부각시켰다.

프랑스 혁명은 정치적 포르노그래피나 『백과전서』만으로 는 설명할 수 없는 아주 복합적인 사태이다. 어떤 이는 아주 극단적으로, 지식과 책이 별다른 영향을 끼치지 않았으며, 그 것들은 고작 혁명을 정당화하는 데 쓰였을 뿐이라고 주장하기 도 한다. 이것이 전혀 틀린 말은 아니다. 프랑스 혁명 이후 세 계는 아주 복잡해졌다. 어떤 하나의 요인이 모든 것을 결정하 는 것 자체가 불가능해졌다. 프랑스 혁명으로 상징되는 근대 이전에는 세계가 너무도 단순하고, 인간의 삶이 자연에 거의 완전히 종속되어 있었기 때문에 텍스트가 세상을 바꾼다는 것 을 상상할 수도 없었다. 텍스트는 그저 귀족들의 여유를 치장 하는 것이었다. 반면, 근대 이후의 세계는 너무도 복잡해지고 세계를 움직이는 힘 자체가 다양해져서 텍스트가 개입해들어 갈 여지가 거의 없다. 이래저래 텍스트는 현실에 뿌리를 내리 지 못하는 것이다.

행복한 날들 : 『국부론』

아담 스미스의 생몰연대(1723~1790)를 염두에 둔다면, 그 가 여전히 의미 있게 인용되는 것은 참으로 의아한 일이다. 생 전에 그는 '경제학자'가 아니었다. 그는 윤리학 교수였을 뿐이 다. 그러나 그는 오늘날 수많은 경제학 저서에서 인용되고 있 다. 학술저서에서 인용되기는 플라톤이나 스미스나 마찬가지다. 그러나 스미스가 진정으로 의미 있는 지점은 그가 학술적인 글이 아닌 잡지의 시사칼럼에서, 일상의 대화에서 인용된다는 것이다. 그것도 격언처럼 쓰이는 것이 아니라 구체적인 사태를 설명하는 근본 원리로서 작용한다. 사후에 이렇게 오래도록 삶의 현실에서 받아들여지는 학자는 아마 스미스가 유일하지 않을까 싶다. 그런데 그가 사후의 일에만 영향을 끼친 것은 아니다. 그의 이론은 이미 생전에 당대의 정책 결정자들에 의해 널리 수용되었다. 이는 그의 이론이 대영제국의 현실과 긴밀하게 맞물려 돌아간 확실한 증거라 하겠으니, 그런 까닭에 그는 생전에나 사후에나 행복한 학자임에는 틀림없어 보인다.

아담 스미스의 이러한 행복은 그의 저작 『국부론』 때문이다. 이 책은 초판이 6개월 만에 매진될 정도로 즉각적인 성공을 거두었다. 대영제국의 총리실에까지 그의 명성이 알려졌다는 사실 하나만 보아도 이러한 성공의 범위를 충분히 짐작할 수 있다. 이런 성공에 힘입어 그는 구체적인 정책 결정에 관여할 기회도 가질 수 있었는데, 총리를 지낸 프레드릭 노스는 국가 예산안을 짜는 데 그가 추천한 새로운 조세제도를 도입했는가 하면, 1778년 아메리카 식민지 정책 결정, 1779년 아일랜드와의 자유무역협정 체결 등에서도 그는 일정한 역할을 수행했다.

그렇다면 과연 『국부론』은 어떤 내용을 가지고 있기에 당대는 물론이고 오늘날까지도 세상의 일에 그처럼 깊이 관여되는가? 『국부론』의 내용을 정리하라고 하면 아주 상투적인 것들이 제시된다. 중상주의를 비판하고 자유방임의 경제 정책을 주장했다는 것, 시장에 의해 통제되는 이기적인 행위의 사회적 결과물로서의 국부를 내세웠다는 것 등이 그것이다. 그러나 사실 이러한 주장들이 오늘날 실현되었는지는 의문이고, 설사 실현되었다 해도 그 실현 여부가 저작의 영향력을 가늠하는 척도라고 말하는 것은 텍스트에 대한 지나친 숭상일 수 있으므로, 그의 저작에서 대표적인 테제 몇 가지만을 살펴보기로 하자.

인간은 항상 동료의 자비를 필요로 하는데, 이것을 오직 동료의 자비로부터 기대하는 것은 불가능하다. 이렇게 하는 것보다는 오히려 자기의 이익을 위해 동료의 이기심을 자극하고 자기의 요망사항을 들어주는 것이 그들 자신에게 이익이 된다는 것을 보여주는 것이 훨씬 낫다.⋯⋯내가 원하는 것을 나에게 주면, 너는 네가 원하는 것을 가지게 될 것이라는 것이 이러한 모든 제의가 의미하는 바다. 그리고 이러한 방법으로 우리는 우리가 필요로 하는 호의의 대부분을 상호간에 얻어낸다.⋯⋯우리는 그들의 인간성에 호소하지 않고, 그들의 이기심에 호소하며, 그들에게 우리 자신의 필요를 이야기하지 않고 그들의 이익을 이야기한다.

여기서 우리가 주목해야 하는 말은 가장 빈번하게 등장하

는 '이익' 또는 '이기심'이다. 이것에 대비되는 말은 '인간성'
이다. 둘을 나란히 놓고 보면 위의 설명은 경제적 활동에 관한
것이 아니라, 스미스가 바라보는 인간의 참모습에 대한 것임
을 짐작할 수 있다. 다시 말해서 스미스 경제학의 원리로서의
인간관인 것이다. 스미스의 출발점은 '이익에 따라 움직이는
인간'이다. 그가 여기서 말하는 '인간성'은 종래의 전통적인
인간을 상징한다. 그것은 손해와 이익을 계산하는 것 외에도
다양한 차원의 도덕적 실천까지 고려하는 인간의 종합적인 성
품이다. 그런데 스미스는 그러한 가치 기준을 점잖게 없애버
린다. 눈에 보이는 현실의 이익을 따질 줄만 알면 '인간'인 것
이다.

물론 이러한 인간관이 스미스의 독창적인 발상은 아니다.
오히려 이것은 담백한 현실 수긍을 전면에 내세우는 대영제국
이 가지고 있는 전통의 최종 귀결점이다. 다시 말해서, 그에
앞서 베이컨, 홉스, 로크 등이 이미 이러한 인간관을 예비했던
것이다. 그러나 그들이 그것을 사상의 영역에서만, 원리의 차
원에서만 주장했다면, 스미스는 현실에서 움직이는 인간의 모
습을 있는 그대로 묘사하고 있다는 결정적인 차이가 있다. 아
마 이러한 점이 그의 저작의 호소력을 높여주었을 것이다.

스미스의 출발점이 인간의 이기심이라면, 그것은 『국부론』
전체를 관통하는 원리이며, 동시에 그가 서술하는 자유방임
경제체제의 핵심 요소이기도 할 것이다. 따라서 이 체제에서
는 이기심 충족을 목적으로 하는 것 외에는 어떠한 의도적인

계획도 수립되어서는 안 된다. 스미스는 그것을 강조하여, 역설적으로 이기심의 충족이 보편적인 이익, 즉 국부를 가져올 수 있다고 주장한다.

사실 그(개인)는 공공의 이익을 증진시키려 의도한 것도 아니며 그가 얼마나 기여하고 있는지도 알지 못한다.……그는 그렇게 함으로써 (다른 많은 경우와 같이) 보이지 않는 손에 이끌려 그가 전혀 의도하지 않은 목적을 증진시키게 된다. 그가 의도하지 않았다고 하여 반드시 (의도했을 경우에 비해) 사회에 보다 적게 기여하는 것은 아니다. 그는 자기 자신의 이익을 추구함으로써 종종 그 자신이 진실로 사회의 이익을 증진시키려고 의도하는 경우보다 더욱 효과적으로 그것을 증진시킨다.

여기서 개인의 이익 추구와 보편적인 사회의 이익을 연결시켜주는 것은 '보이지 않는 손'이다. 말 그대로 우리는 그것을 볼 수 없기 때문에 그것이 어떻게 작동하는지 알 수 없다. 그리고 그것이 작동하여 사회의 이익을 더 효과적으로 증진시키는지 어쩌는지도 알 수 없다. 이것은 어쩌면 예로부터 전해지던 '신'을 다른 이름으로 표현한 것인지도 모른다. 어쨌든 스미스의 이 주장은 검증되지 않은 것이다.

'보이지 않는 손'이 구체적으로 무엇인가에 대해서는 얼마든지 다양한 해석과 억지가 있을 수 있다. 오늘날 자신의 주장을 입증하기 위해 스미스라고 하는 거인의 어깨 위에 올라타려는 사람은 그 종류가 매우 다양하다. 더러는 전혀 상반되는 주장들이 스미스를 근거로 삼고 있기도 하다. 심지어는 '국부'가 아닌 개인의 '치부'를 목적으로 삼은 행위를 정당화할 때에도 스미스가 활용된다. 이는 이기심과는 거리가 멀어 보이는 삶을 살았던 스미스 자신에게는 언짢은 일이겠으나, 그의 위세를 빌려 자신의 이기심만을 충족시키며 행복한 나날을 살아가는 이들에게는 참으로 고마운 일이겠다.

쓰라린 세계 :『종의 기원』

1843년 말에 쓰여진 것으로 추정되는 칼 마르크스의『헤겔 법철학 비판』서문 첫머리에는 '종교에 대한 비판은 모든 비판의 전제'라는 말이 나온다. 독일의 당대 상황을 고려하지 않는다면 이는 언제 어디서든 맞아떨어지는 말이다. 여기서 종교는 초자연적인 힘이나 미신을 포함하는 것이고, 그러한 것들을 제거한 다음에야 비로소 객관적이고 정확한 상황 인식을 가져다주는 비판 작업에 착수할 수 있을 것이기 때문이다. 그러나 1840년대의 유럽 상황 전반을 살펴본다면 독일의 후진성은 금방 눈에 뜨인다.

프랑시스 베이컨의 비서 출신인 토마스 홉스는 이미 1651년에 출간된『리바이어던』에서 종교에 대한 비판을 마무리 지었고, 그 이후 대영제국은 세속 국가로의 길을 착실히 걸어,

아담 스미스에 이르면 타산적으로 자신의 이익을 계산하는 인간들이 자기도 모르게 쌓아올리는 국가의 부를 논하는 정도에 이르렀다. 좀 더디기는 했으나 프랑스에서는 1772년『백과전서』가 발간되면서 신학을 미신과 같은 차원에 놓아두었고, 종교적 정당화인 왕권신수설에 근거하여 유지되던 구체제가 혁명에 의해 종지부를 찍었다. 이들 나라에서 종교 비판은 더 이상 중요한 주제가 아니었던 것이다. 따라서 새삼스럽게 종교 비판을 거론한 마르크스의 언급은 후진적 독일에서 종교 비판이 그만큼 중요했음을 의미한다 하겠다.

독일은 그랬다. 다른 나라들은 현실과 텍스트가 서로 긴밀하게 대화하고 있었는데도 독일은 종교 비판이라는 우회로를 거쳐 갈 수밖에 없을 만큼 현실이 저 멀리 떨어져 있었다. 대영제국 사람들이 손에 쥐고 이리저리 만져보며 확인하던 현실은 독일에서는 수많은 중간 단계를 거치고 또 거친 후에야 인간에게 다가왔다. 그것도 곧바로 현실로서 주어지는 것이 아니라 의식의 한 형태로 성립할 뿐이었다. 현실은 현실이되 정신에 의해 매개된 현실이므로 정신적인 것이었으며, '날것의 현실'은 어디에도 없었다. 칸트가 확실하게 제거해버린 형이상학이, 칸트의 후계자임을 자처한 후학들에 의해 화려하게 부활되어 고도의 사변으로 전개된 까닭도 이러한 현실 결여에 있었다.

이러한 사정은 정치학(또는 독일의 용어로는 '국가학') 관련 저작을 보아도 확인할 수 있다. 1651년 출간된 홉스의 정치학

저서 『리바이어던』은 유토피아론이 아니다. 가공할 정도로 살벌한, 냉혹한 현실 분석이며 구체적인 대책이다. 그런데 1820년 출간된 헤겔의 『법철학』은 여전히 실현 불가능한 유토피아의 냄새를 풍기고 있다. 아무리 헤겔이 독일 관념론 철학자들 중에서 현실을 아는 사람이었다 해도 컨텍스트와 텍스트의 거리를 좁혀낼 수는 없었다. 독일의 현실은 그랬던 것이다. 이러한 현실 속에서 지식인들이 내세운 교양은 고작 정신성의 표현일 뿐이었고, 현실에서 아무런 자리도 차지하지 못한 무기력에 지나지 않았다.

베이컨, 홉스, 로크, 스미스로 이어지는 대영제국의 현실적 텍스트들은 서양사상의 주류인 수학적 세계관을 현실세계에 적용한 결과물이었다. 질적인 차이를 무시하고 모든 것을 양으로 간주하여 계산해버리는 '산수적' 현실 대책과, 인간을 욕구 충족을 향해가는 이기심 덩어리로 파악하는 시각이 그들의 세계를 장악하고 있는데, 헤겔은 2세기에 유행하던 신비주의를 되살린다. 그는 시간의 불가역성을 무시하고 결과가 원인이라는 시대착오적 순환논리를 변증법이라는 이름으로 포장하여 제시한다. 어떤 이들은 경건함으로 도피하기도 하고, 어떤 이는 인간의 열정과 천재성에 호소하기도 한다. 이것들 모두는 한마디로 덜뜬 낭만주의이다.

이처럼 후진적인 독일과는 달리 일찌감치 세상사를 알아차린 대영제국에서는 현실법칙을 철저하게 밀고 나가, 드디어 인간과 그 인간들이 이루어내는 사회에 대한 완벽한 재정의에 이른다. 1859년 출간된 『종의 기원』이 바로 그것이다. 다윈은 자신의 선배들이 제시한 핵심 문제, 즉 '종의 소멸과 생존'에 관한 결정적인 대답을 내놓는다. 생존을 위한 보편적인 투쟁 안에서 결국 가장 강한 자의 권리가 우세해지며, 이러한 환경 아래서 유리한 변종은 쉽게 생존할 것이고 불리한 종은 파멸할 것이라는, 멜더스의 이론에서 암시를 얻은 이것은 생물학 이론이 아니라 사회이론이다. 다윈 이전에 이미 여러 학자들은 지질학이나 기타 여러 탐구를 통해서 종의 진화에 관한 기본적인 근거를 마련하고 있었다. 그런데 그들은 그 모든 증거들을 하나로 꿸 수 있는 설명틀을 가지고 있지 못하였던 반면 다윈은 그것들을 통합하여 체계적인 설명을 제시했던 것이다.

다윈은 이러한 설명을 통하여 우선 세계 안에는 아무런 목적도 없을 수 있음을 드러내 보였고, 인간 역시 다른 동물과 다르지 않은 방식으로 진화해왔음을 천명하였다. 자연계와 사회세계는 별개의 것이 아니며, 인간은 세계에 우뚝 선 존재가 아니라, 그 중 하나에 불과한 것이 되고 만 것이다. 목적이 진보라 해도 과정은 끊임없는 투쟁일 수밖에 없다. 자원을 서로 먼저 차지하기 위해 사람들끼리 피 흘리며 싸우는 것은 당연한 일로 간주된다. '만인 대 만인의 투쟁'이 인간 본성과 자연 환경에서 너무도 자연스럽게 일어나는 일로 설명된다. 이로써 무한 경쟁에 근거를 둔 근대의 자본주의세계는 확실한 이론적 근거를 가지게 되었을 뿐만 아니라 자본주의에 대항하는 이념으로 등장한 사회주의에서도 '투쟁'이라고 하는 방법론을 받아들였다. 인간은 더 이상 도덕의 겉옷을 걸칠 필요가 없게 되었고, 그가 자본주의자건 사회주의자건 맨몸으로 살갗을 찢어가며 쓰라린 투쟁에 나서게 되었다. 이 기반 위에서는 어떠한 처방도 한낱 도덕주의적 대증요법밖에 되지 못한다.

먼 옛날의 서사시들은 세계에 대한 과학적 인식 없이도 세계가 쓸쓸하다는 것을 알고 있었다. 그런데 수많은 세월이 지난 다음에도 또다시 같은 것을 알아차리는 건 너무 허망하다. 쓰라린 것이다.

에필로그

20세기는 어느 역사학자의 말처럼 '극단의 시대'였다. 그러나 이 극단은 어느 날 갑자기 솟아난 것이 아니다. 15세기 이래 면면히 준비되어온 것들이 표피를 뚫고 터져 나온 것이다. 이제 우리는 극단에서 극단으로 오갈 수 있을 뿐이다. 개념적 파악은 불가능해 보인다. 그러나 이러한 파악 불가능을 안타까워할 필요는 없을 듯하다. 『파우스트』의 한 구절처럼 '모든 이론은 잿빛'이어서 이론은 현실에 맞닿을 수 없기 때문이다. 그렇다면 우리는 모든 이론적 파악을 포기해야 하는 것일까? 그리고 이론적 파악의 출발점인 읽기를 그만두어야 하는가? 그것이 극단의 현실에 대한 올바른 대응일까?

이러한 물음에 대한 답은 고전이 보여주는 자아들을 자기 몸에 넣어보고, 다시 빠져나와보고, 다시 또 다른 것을 넣어보고, 또다시 빠져나와본 다음에야 얻을 수 있을 것이다. 그러나 이것 역시 무의미한 일일 수 있다. 그렇게 해서 얻어질 자아가 과연 진정한 것인지 확인할 길이 막막하기 때문이다. 그렇다면 아예 텍스트를 손에 잡지 말아야 하는가? 알 수 없는 일이다, 사실.

프랑스엔 〈크세주〉, 일본엔 〈이와나미 문고〉,
한국에는 〈살림지식총서〉가 있습니다.

📖 전자책 | 🔍 큰글자 | 🔊 오디오북

책과 세계

펴낸날	초판 1쇄 2004년 2월 5일
	초판 21쇄 2023년 4월 12일

지은이	강유원
펴낸이	심만수
펴낸곳	(주)살림출판사
출판등록	1989년 11월 1일 제9-210호

주소	경기도 파주시 광인사길 30
전화	031-955-1350 팩스 031-624-1356
홈페이지	http://www.sallimbooks.com
이메일	book@sallimbooks.com

ISBN	978-89-522-0221-5 04080
	978-89-522-0096-9 04080 (세트)

085 책과 세계

강유원(철학자)

책이라는 텍스트는 본래 세계라는 맥락에서 생겨났다. 인류가 남긴 고전의 중요성은 바로 우리가 가 볼 수 없는 세계를 글자라는 매개를 통해서 우리에게 생생하게 전해 주는 것이다. 이 책은 역사라는 시간과 지상이라고 하는 공간 속에 나타났던 텍스트를 통해 고전에 담겨진 사회와 사상을 드러내려 한다.

056 중국의 고구려사 왜곡　　eBook

최광식(고려대 한국사학과 교수)

중국의 고구려사 왜곡의 숨은 의도와 논리, 그리고 우리의 대응 방안을 다뤘다. 저자는 동북공정이 국가 차원에서 진행되는 정치적 프로젝트임을 치밀하게 증언한다. 경제적 목적과 영토 확장의 이해관계 등이 복잡하게 얽혀 있는 동북공정의 진정한 배경에 대한 설명, 고구려의 역사적 정체성에 대한 문제, 고구려사 왜곡에 대한 우리의 대처방법 등이 소개된다.

291 프랑스 혁명　　eBook

서정복(충남대 사학과 교수)

프랑스 혁명은 시민혁명의 모델이자 근대 시민국가 탄생의 상징이지만, 그 실상을 아는 사람은 많지 않다. 프랑스 혁명이 바스티유 습격 이전에 이미 시작되었으며, 자유와 평등 그리고 공화정의 꽃을 피기 위해 너무 많은 피를 흘렸고, 혁명의 과정에서 해방과 공포가 엇갈리고 있었다는 등의 이야기를 통해 프랑스 혁명의 실상을 소개한다.

139 신용하 교수의 독도 이야기　　eBook

신용하(백범학술원 원장)

사학계의 원로이자 독도 관련 연구의 대가인 신용하 교수가 일본의 독도 영토 편입문제를 걱정하며 일반 독자가 읽기 쉽게 쓴 책. 저자는 역사적으로나 국제법상으로 실효적 점유상으로나, 어느 측면에서 보아도 독도는 명백하게 우리 땅이라고 주장하며 여러 가지 역사적인 자료를 제시한다.

144 페르시아 문화

신규섭(한국외대 연구교수)

인류 최초 문명의 뿌리에서 뻗어 나와 아랍을 넘어 중국, 인도와 파키스탄, 심지어 그리스에까지 흔적을 남긴 페르시아 문화에 대한 개론서. 이 책은 오랫동안 베일에 가려 있던 페르시아 문명을 소개하여 이슬람에 대한 편견과 오해를 바로 잡는다. 이태백이 이 관계였다는 사실, 돈황과 서역, 이란의 현대 문화 등이 서술된다.

086 유럽왕실의 탄생

김현수(단국대 역사학과 교수)

인류에게 '예술과 문명' 그리고 '근대와 국가'라는 개념을 선사한 유럽왕실. 유럽왕실의 탄생배경과 그 정체성은 무엇인가? 이 책은 게르만의 한 종족인 프랑크족과 메로빙거 왕조, 프랑스의 카페 왕조, 독일의 작센 왕조, 잉글랜드의 웨섹스 왕조 등 수많은 왕조의 출현과 쇠퇴를 통해 유럽 역사의 변천을 소개한다.

016 이슬람 문화

이희수(한양대 문화인류학과 교수)

이슬람교와 무슬림의 삶, 테러와 팔레스타인 문제 등 이슬람 문화 전반을 다룬 책. 저자는 그들의 멋과 가치관을 흥미롭게 설명하면서 한편으로 오해와 편견에 사로잡혀 있던 시각의 일대 전환을 요구한다. 이슬람교와 기독교의 관계, 무슬림의 삶과 낭만, 이슬람 원리주의와 지하드의 실상, 팔레스타인 분할 과정 등의 내용이 소개된다.

100 여행 이야기

이진홍(한국외대 강사)

이 책은 여행의 본질 위를 '길거리의 철학자'처럼 편안하게 소요한다. 먼저 여행의 역사를 더듬어 봄으로써 여행이 어떻게 인류 역사의 형성과 같이해 왔는지를 생각하고, 다음으로 여행의 사회학적 · 심리학적 의미를 추적함으로써 여행에 어떤 의미를 부여할 것인가에 대해 말한다. 또한 우리의 내면과 여행의 관계 정의를 시도한다.

293 문화대혁명 중국 현대사의 트라우마

eBook

백승욱(중앙대 사회학과 교수)

중국의 문화대혁명은 한두 줄의 정부 공식 입장을 통해 정리될 수 없는 중대한 사건이다. 20세기 중국의 모든 모순은 사실 문화대혁명 시기에 집약되어 있다고 해도 과언이 아니다. 사회주의 시기의 국가·당·대중의 모순이라는 문제의 복판에서 문화대혁명을 다시 읽을 필요가 있는 지금, 이 책은 문화대혁명에 대한 안내자가 될 것이다.

174 정치의 원형을 찾아서

eBook

최자영(부산외국어대학교 HK교수)

인류가 걸어온 모든 정치체제들을 매우 짧은 기간 동안 시험하고 정비한 나라, 그리스. 이 책은 과두정, 민주정, 참주정 등 고대 그리스의 정치사를 추적하고, 정치가들의 파란만장한 일화 등을 소개하고 있다. 특히 이 책의 저자는 아테네인들이 추구했던 정치방법이 오늘 우리 사회가 당면한 문제를 해결할 수 있는 지혜의 발견에 도움을 줄 수 있을 것이라고 말한다.

420 위대한 도서관 건축순례

eBook

최정태(부산대학교 명예교수)

이 책은 도서관의 건축을 중심으로 다룬 일종의 기행문이다. 고대 도서관에서부터 21세기에 완공된 최첨단 도서관까지, 필자는 가능한 많은 도서관을 직접 찾아보려고 애썼다. 미처 방문하지 못한 도서관에 대해서는 문헌과 그림 등 가능한 많은 정보를 수집하려 노력했다. 필자의 단상들을 함께 읽는 동안 우리 사회에서 도서관이 차지하는 의미에 대해 다시 생각하게 된다.

421 아름다운 도서관 오디세이

eBook

최정태(부산대학교 명예교수)

이 책은 문헌정보학과에서 자료 조직을 공부하고 평생을 도서관에 몸담았던 한 도서관 애찬가의 고백이다. 필자는 퇴임 후 지금까지 도서관을 돌아다니면서 직접 보고 배운 것이 40여 년 동안 강단과 현장에서 보고 얻은 이야기보다 훨씬 많았다고 말한다. '세계 도서관 여행 가이드'라 불러도 손색없을 만큼 풍부하고 다채로운 내용이 이 한 권에 담겼다.

eBook 표시가 되어있는 도서는 전자책으로 구매가 가능합니다.

(주)살림출판사
www.sallimbooks.com
주소 경기도 파주시 문발동 522-1 | 전화 031-955-1350 | 팩스 031-955-1355